TÉCNICAS DE
RH PARA
SELECIONAR E
SEGURAR MARIDO

João José da Costa

Técnicas de RH para selecionar e segurar marido

MATRIX

Editora Urbana Ltda.
atendimento@matrixeditora.com.br
www.matrixeditora.com.br

Capa e diagramação
Daniela Vasques

Revisão
Lucrécia Freitas
Silvio Lourenço

Dados Internacionais de Catalogação na Publicação (CIP)
SINDICATO NACIONAL DOS EDITORES DE LIVROS, RJ.

Costa, João José da
Técnicas de RH para selecionar e segurar marido / João José da Costa.
- São Paulo : Matrix, 2011.

ISBN 978-85-63536-53-2

1. Relação homem-mulher. 2. Conduta. I. Título.

11-5720. CDD: 306.7
CDU: 392.4

DEDICATÓRIA

Dedico este livro a todas as mulheres, esteios da família, flores que enfeitam e perfumam todos os ambientes, que são o toque alegre dos relacionamentos sociais, mães inseparáveis dos seus filhos, exímias educadoras para uma sociedade melhor e grandes protetoras das crianças - que são as que mais sofrem com os casamentos errados e as que pagam a conta maior desse infortúnio!

AGRADECIMENTO

Um agradecimento especial à Dra. Raquel de Castro, advogada, pela contribuição dada nos esclarecimentos jurídicos contidos neste livro.

João José da Costa

ÍNDICE

PREFÁCIO

Este livro aborda, com pitadas de humor, porém com muito senso de realidade, a grave questão social gerada pelos casamentos movidos por uma paixão ou amor cegos. Casamentos esses realizados sem o mínimo cuidado na análise prévia e sem maiores critérios de avaliação, principalmente por parte das mulheres. Há muitas que investem mais tempo, planejamento e estabelecimento de critérios de avaliação na compra de um carro do que na escolha de um marido. Algumas parecem possuir melhores e mais precisos critérios de avaliação de qualidade na escolha de tomates na feira do que na escolha de seus maridos! Resultados disso? Logo após o casamento, descobrem que se casaram com homens sem caráter, vagabundos, preguiçosos, alcoólatras, viciados em drogas, envolvidos com a criminalidade, sem objetivos de progresso na vida, mal-educados, sem vocação para serem pais, descuidados com a aparência, relaxados, sem nível de educação e cultura e, o que é pior, em alguns casos, extremamente violentos. O romântico casamento torna-se, assim, um inferno para muitas mulheres, que, não raras vezes, pagam com a própria vida por um erro tão elementar. E, como consequência natural, esses casamentos descabidos deixam os filhos gerados traumatizados, influenciados por muitos eventos negativos do cotidiano desse relacionamento pernicioso, cujas sequelas e traumas irão acompanhá-los pelo resto de suas existências e comprometer a sua formação e o seu futuro. Como uma possível solução, apresentamos **técnicas de RH aplicadas a seleção de marido**, que, se seguidas, podem perfeitamente garantir a escolha do marido certo, aquele que ficará ao seu lado para sempre. Eu preferi usar a expressão "marido certo" e não "marido ideal", e explico por quê. "Marido ideal" coloca o desafio da seleção como uma utopia, algo *inatingível*, ao passo que "marido certo" volta-se ao campo da realidade, da racionalidade, algo *tangível*. Sucesso 100% garantido? Não! Nem nas empresas mais organizadas podemos assegurar que 100% dos candidatos aprovados corresponderão às expectativas. Porém, posso assegurar que o nível de assertividade é significativamente maior quando adotamos técnicas de seleção por requisitos e competências, além de um planejamento racional das ações. Entretanto, temos um ponto importante aqui. Em uma empresa, quando eventualmente ocorre uma contratação equivocada (e para isso temos o período de experiência), é processado o desligamento do funcionário e um novo processo de seleção se inicia, sem grandes traumas e agressões aos sentimentos. Mas em um casamento não se tem "período de experiência" e o "desligamento" do marido errado é infinitamente mais complicado, com todas as implicações legais, divisão de bens, trauma nos filhos, impactos na sociedade e na família, além de ensejar inúmeros casos de violência pela recusa da separação da parte dele.

E por que estamos nos referindo à seleção de maridos e não à seleção de esposas? Naturalmente, as técnicas de RH sugeridas aqui se aplicam em ambos os casos, porém vamos dar mais ênfase a ensinar as mulheres a aprimorar seus critérios de escolha do marido certo, em razão de serem elas o esteio da família, as mães inseparáveis dos seus filhos, as que mais sofrem com os casamentos errados. Enfim, aquelas que pagam a conta maior desse infortúnio! Mas, se o livro é obrigatório para as mulheres, é igualmente imperdível para os homens.

I

DRAMA E CONSEQUÊNCIAS DOS CASAMENTOS MOTIVADOS PELO "AMOR CEGO"

Tendo trabalhado por cinquenta anos como profissional de Recursos Humanos, sempre tive como prioridades, nos diversos cargos que exerci nessa área, duas grandes responsabilidades: a identificação e seleção de talentos humanos no mercado e o desenvolvimento de pessoas. Essas duas atribuições sempre foram o cerne para o progresso e o sucesso de qualquer empresa. Afinal de contas, o maior recurso de que uma empresa pode dispor para manter-se competitiva e inovadora são seus recursos humanos. Assim, sempre fui muito pressionado pela alta gestão das empresas a dar atenção especial à seleção dos talentos humanos, bem como a seu treinamento e desenvolvimento profissional.

E, como profissional de Recursos Humanos, isso me fez um "observador de pessoas". Foram milhares de entrevistas de seleção para os mais variados níveis profissionais, que fizeram com que meu cérebro adquirisse uma capacidade, creio eu, acima da média, de observar uma pessoa e ter uma primeira impressão que dificilmente falha quanto a sua capacidade profissional e seus traços importantes de caráter e personalidade. Erro nesse meu diagnóstico preliminar? Com certeza! Acerto? Na maioria das vezes!

Assim, comecei a observar e analisar um problema social muito grave ocasionado por casamentos errados. Quando digo *errados*, quero dizer visível e notoriamente errados aos olhos de pessoas próximas do casal, algumas com um bom senso de realidade e observação, outras com intuição nata, como a de pessoas mais velhas, que têm em cada cabelo branco os registros de muitas experiências de vida (principalmente as mamães e as vovós!)

nesse aspecto. Porém, se saltam aos olhos de outras pessoas, infelizmente, em muitos casos, não saltam aos olhos dos nubentes, em especial das mulheres!

São casamentos realizados sem o mínimo cuidado na análise prévia e sem maiores critérios de avaliação, principalmente por parte de muitas mulheres. Assim, observando alguns desses maridos de casamentos errados, essa minha experiência com pessoas logo indicava erros primários de avaliação e conceitos que passaram totalmente despercebidos pelas mulheres. O que para mim era um erro grosseiro de escolha, para essas mulheres fora um sonho de amor, um sonho de vida a dois. E comecei a me indagar: "Mas por que isso acontece? Como uma decisão das mais importantes da vida de uma mulher é tomada precipitadamente e sem considerar fatores importantes de análise, avaliação e julgamento?". E, quando fazia um paralelo com a seleção dos talentos para as empresas nas quais trabalhei, seria como admitir um funcionário para um importante posto de comando e parceria nos negócios somente sabendo o seu nome e simpatizando com sua aparência.

E são centenas de casamentos realizados diariamente sem que o mínimo de critérios prévios de análise, avaliação e julgamento seja considerado.

E, talvez, os filhos gerados sejam as maiores vítimas desses casamentos errados, mal programados, mal avaliados. Quando marido e mulher não se entendem, começam as brigas em casa, sob os olhares assustados dos filhos, levando a graves repercussões em seu futuro. É normal que casais briguem. Só que existem alguns que brigam demais, vivem em constantes discussões por motivos banais, não se importando que os filhos presenciem essas brigas e discussões. E isso tem um efeito devastador para as crianças.

É muito importante que elas se sintam seguras em casa, sob a proteção de um ambiente familiar sadio, para terem um crescimento saudável. A instabilidade dos casamentos errados, formando casais incompatibilizados e sem capacidade de um entender o outro, cria um ambiente familiar que pode se transformar em uma verdadeira tragédia para a estabilidade emocional das crianças. Muitas vezes, quando uma criança vive e presencia brigas constantes em casa, independentemente dos motivos e de quem tem razão, ela se sente culpada ou até responsável por esses desentendimentos. Com o tempo, a instabilidade no ambiente familiar pode gerar na criança alteração emocional, seguida de insegurança e agressividade. Isso terá repercussão não apenas dentro da casa, mas também na escola e nos relacionamentos com seus amigos e crianças parentes. A criança criada sob esse ambiente pernicioso pode apresentar alterações de comportamento como: ser briguenta, bater diariamente nos coleguinhas ou se transformar em um ser apático, que não interage com os demais. E, na adolescência, esse comportamento poderá se agravar, transformando-se em um verdadeiro castigo para os pais. Com certeza, uma criança assim procedendo estará emitindo esses sinais de alerta que indicarão, com muita probabilidade, um ambiente doméstico impróprio para a sua educação. A cabeça de uma criança, em geral, é cheia de imagens fantasmagóricas de desenhos animados; ela se sente perseguida e ameaçada por monstros e seres hediondos! Assim, quando tem pouca idade e presencia brigas constantes entre os pais, começa a temer que eles se voltem contra ela também, como monstros imaginários que virão pegá-la e ameaçá-la.

A verdade é que, quando os casamentos ocorrem sob a influência do "amor cego" ou da "paixão cega", dificilmente a mulher pensa em como será a educação de seus filhos. Talvez nem chegue mesmo a pensar nisso em momento algum. Mas deveria! É importante que o casal se forme com as mínimas condições psicológicas para proporcionar um ambiente saudável não só para os filhos, mas para os companheiros também. O casamento dos pais é o primeiro modelo de relacionamento que as crianças conhecem. O início de discussões aos gritos é o grande sinal de que o casamento pode ter sido realizado de forma errada. O grito prova que os corações estão distantes e, em razão disso, as pessoas precisam gritar umas com as outras ou, do contrário, os corações não ouvem! Quando os corações estão próximos, não há espaço para gritos. Um sussurro, um murmúrio, é suficiente para que os corações ouçam!

Neste livro, citamos diversos exemplos verdadeiros de casamentos precipitados e mal avaliados, com suas nefastas consequências, e sugerimos, como ajuda para uma escolha mais coerente, **técnicas eficazes de RH para selecionar e segurar marido.**

Por que não? Você poderá constatar que as mesmas técnicas que um departamento de Recursos Humanos de empresas de primeira linha aplica a seleção e retenção de talentos humanos podem ser perfeitamente aplicadas para garantir a seleção e a retenção do marido certo! E vamos ensinar você a fazer isso bem-feito!

Na vida toda fazemos escolhas e seleção. Minha mãe costumava dizer que eu tinha preferência por mamar em seu seio direito. Ora, na época, eu não podia me comunicar com ela, senão, muito provavelmente, teria dito: "Mãe, prefiro mamar em seu seio direito porque posso sugar o leite com mais facilidade nesse do que no outro. Além do mais, me sinto mais confortável em seu colo nessa posição!".

E nossa vida é assim, marcada por escolhas e seleção. Escolhemos nossos brinquedos, roupas, sapatos, brincadeiras, amigos, carreira, viagens, carro, o lugar de morar, a peça de teatro ou o filme no cinema, a marca do computador, nossos sites de relacionamentos. Enfim, são centenas de escolhas! E, para todas elas, tínhamos e temos critérios de avaliação, não é mesmo? Alguma vez você entrou em uma loja e pediu um carro qualquer? Não, definitivamente não! Você procurou primeiro se identificar com o modelo do carro, seu estilo, beleza e conforto, além de procurar referências com proprietários do mesmo modelo, confirmar se cabia em sua garagem e se os itens de segurança oferecidos eram suficientes para suprir suas necessidades e escolhas de locomoção.

Seleção é o ato ou efeito de selecionar ou escolher de forma criteriosa e fundamentada, com objetivos definidos. É o predomínio dos melhores elementos em detrimento dos piores. É o discernimento e a identificação de uma qualidade superior que permanece após uma seleção entre os melhores. Como disse J. A. Wanderley[1]: "A vida é a arte das escolhas, dos sonhos, dos desafios e da ação". Os caminhos da vida são feitos de decisões e escolhas.

Assim, o que cada um de nós é hoje – profissional ou pessoalmente – é consequência dessas escolhas e das ações adotadas para torná-las realidade. Algumas são essenciais e exigem decisões sobre o nosso papel social, tanto nos âmbitos pessoal e particular quanto na vida profissional. Outras são mecânicas, como a escolha da roupa que vamos vestir para ir ao trabalho.

O que vale para as pessoas também vale para as empresas. Uma empresa sobrevive ou não, tem êxito ou fracassa, de acordo com as decisões e escolhas que fez ou faz de seus planos estratégicos e foco em seus negócios, seus sistemas de crenças e valores, estilo gerencial, métodos e processos, suas estruturas organizacionais,

---

1 José Augusto Wanderley é autor de vários livros e artigos e palestrante com foco em consultoria e *coaching* em liderança, excelência de desempenho e desenvolvimento de equipes.

os talentos humanos que agrega aos seus quadros de pessoal, a filosofia de relacionamento com seus funcionários, o sistema de treinamento e desenvolvimento que adota. Isso está muito bem resumido na frase de Peter Drucker[2]: "O produto final do trabalho de um gerente são decisões e ações".

Assim sendo, a todo o momento, querendo ou não, conscientes ou inconscientes, por ação ou omissão, estamos sempre fazendo escolhas. E nunca é demais lembrar que *não escolher* já é uma escolha. Se quisermos comandar o barco de nossa vida rumo ao nosso destino, devemos procurar ser conscientes das escolhas que fizemos no passado e continuamos fazendo no presente. E é essa consciência que nos permite assumir a responsabilidade pelos nossos atos e, consequentemente, continuar com o que estamos fazendo ou então decidir mudar de curso. Podemos, por meio do desenvolvimento pessoal e profissional, aumentar a nossa esfera de escolhas, bem como a qualidade delas. Um maior aprendizado e aumento de conhecimentos através das experiências bem ou malsucedidas, além de uma evolução na educação formal, resultam em se ter mais opções de escolhas, isto é, ampliar possibilidades de melhores escolhas. Assim, uma pessoa bem preparada tende a ter escolhas melhores do que uma pessoa mal preparada em termos de conhecimentos, educação e experiência de vida. Que o digam dezenas de adolescentes que se envolvem muito cedo nas tramas do amor e com elas sofrem grandes reveses e até tragédias!

Uma das coisas que têm forte influência sobre nossas escolhas é o nosso sistema de crenças e valores. Todos nós temos um conjunto de crenças e valores herdado da educação de nossos pais, o qual adquirimos ao longo da vida, que é determinante do nosso critério de escolhas. E essa "educação de berço" fixa-se de maneira muito forte em cada um de nós. Porém, nem sempre as crenças e os valores adquiridos na família deixam uma herança positiva. Alguns talvez sejam extremamente úteis – como acreditar que tudo o que nos acontece pode virar uma oportunidade a ser explorada. Outros podem ser negativos – como a de acreditar ser vítima das circunstâncias, na base do "essas coisas só acontecem comigo". Em geral, as pessoas não analisam os impactos de suas crenças e valores sobre suas vidas e não sabem que podem, sim, mudá-los.

---

2 Peter Drucker foi escritor, professor e consultor durante mais de 60 anos; um influente estudioso da gestão no mundo todo, que sempre defendeu que a coisa mais importante em uma organização são as pessoas.

Assim, lembre-se disso em seus relacionamentos amorosos e, principalmente, naqueles que possam culminar na escolha de um marido. Você pode estar fazendo uma escolha com base em valores e crenças adquiridos que talvez não sejam os melhores para a sua realidade atual! A consciência e a convicção de que as conquistas na vida estão profundamente relacionadas às escolhas feitas no passado ou no presente permitem que você esteja aberta a identificá-las e ratificá-las ou até mesmo retificá-las. E essa é a grande escolha final. É possível mudar, sim. E um bom modo de fazê-lo é com base em Jean-Paul Sartre[3]: “Não importa o que fizeram de mim, o que importa é o que eu faço com o que fizeram de mim”. Desse modo, ser consciente das escolhas que fazemos é entrar no mundo mágico das possibilidades. É saber que existem infinitas formas e caminhos e que a vida é daqui para frente.

Se nos fosse possível prever o futuro e fazer sempre as escolhas certas, quantos aborrecimentos poderiam ser evitados, não é mesmo? Quantos erros cometidos não se repetiriam. Mas isso é impossível. O que está sob nosso alcance e controle são o planejamento e o estabelecimento de critérios para as escolhas que fazemos e a obtenção dos padrões de qualidade e objetivos almejados. Muitas vezes, ao longo de nossa vida, cometemos erros graves de julgamento que obviamente não seriam cometidos se nos fosse possível prever os desenganos e desapontamentos que nos seriam causados por essa ou aquela pessoa. Quantas vezes depositamos inteira confiança em alguém e somos traídos e apunhalados pelas costas como agradecimento por um bem praticado ou uma ajuda prestada. Se nos fosse permitido prever o que iria acontecer em cada um de nossos relacionamentos, claro que teríamos mantido distância de certos personagens que atuam no cenário de nossa vida.

Mas esse é um lado positivo da vida. É uma oportunidade que temos para exercer e treinar nosso discernimento, nossa capacidade de análise, nossas possibilidades de fazer melhores escolhas. É justamente em cima de erros cometidos em nossas escolhas que poderemos montar nossa base, aprendendo a evitá-los no futuro. Claro que não é fácil adivinhar o que se passa no interior das pessoas, principalmente nos relacionamentos amorosos, uma vez que tendemos a “enxergar com o coração”. Nossa capacidade de julgamento está longe de uma assertividade garantida e, por mais

3 Jean-Paul Sartre foi um filósofo existencialista, escritor e crítico francês, falecido em 1980.

que tentemos ficar alerta, sempre deixamos margem para erros em nossos julgamentos e escolhas. Algumas vezes nos deixamos levar pela emoção e amizade e, em especial, pelos olhos cegos do amor. Jamais seremos capazes de saber quais as reais intenções das pessoas, e, algumas vezes, repetimos certos erros.

Há escolhas que fazemos na vida que permitem a aproximação de pessoas em busca de oportunidades, ou melhor, de pessoas oportunistas. Algumas delas nos mostram um lado de sua personalidade totalmente diferente de seu real caráter e só depois é que mostram sua verdadeira face, provocando sempre grandes decepções. Tais fatos devem ser registrados para o futuro, servindo-nos como base para novos julgamentos, que deverão ser feitos com melhor discernimento para melhores escolhas.

No campo do amor, muitas vezes pessoas se apresentam como verdadeiros anjos divididos entre o céu e a terra. E sob essa doce e inocente aparência acabam se insinuando em nossa vida e até nos conquistando. Quando mostram seu real caráter e personalidade, deixam claro nosso erro de julgamento, que nos direcionou a uma escolha errada. Devemos ter discernimento suficiente para aproveitar tais lições e evitar reincidir nesses mesmos erros no futuro. O desafio do aprendizado na vida são justamente esses eternos testes a que somos submetidos. Muitas vezes embarcamos no Bateau Mouche com o sentimento de que algo de ruim poderá acontecer, mas pagamos para ver. E, quando as coisas acontecem, descobrimos que a voz de nossa consciência que nos alertava deveria ter sido ouvida. Porém, aí é tarde demais; já estamos a bordo.

Muitas vezes escolhas pessoais são responsáveis por tragédias até fatais, como aquelas que levam as pessoas a fumar, a consumir bebidas alcoólicas e a comer desregradamente. O fumo e a obesidade são as causas diretas de doenças cardiovasculares e do câncer. Ao fazer suas escolhas, muitas pessoas não param para pensar nas implicações de longo prazo de suas decisões pessoais. E muitas dessas decisões resultam em sua própria morte. Assim, as escolhas das pessoas têm um grande nível de controle sobre sua própria mortalidade. Em outras palavras, não faça escolhas que possa levá-lo à morte, e você não morrerá antes da hora.

Durante os anos de nossas vidas vivemos preocupados em fazer boas escolhas. Sempre nos perguntamos se nosso trabalho atual, nossa profissão, o nosso tratamento e relacionamento com a família e amigos estão nos levando a atingir nossos objetivos de felicidade elaborados em nossa mente. A vida é toda feita de escolhas. Nós podemos ir para a esquerda ou para a direita ou mesmo ficar parados. Escolher é medir as certezas e as incertezas, colocá-las em uma balança e dar um parecer do que julgamos ser o melhor para nós. Assim funciona o mecanismo de escolha. Porém, na prática, tudo se torna mais difícil. As incertezas são o nosso maior desafio na hora de uma escolha. Elas são o vazio do desconhecido – e tudo o que é desconhecido provoca em todo ser humano o medo e a hesitação no momento de uma escolha. Nós temos medo daquilo que não conhecemos.

O processo de decisão e escolha compreende a análise de variáveis objetivas e subjetivas. Entre elas está o medo. A dúvida nasce do medo. Por isso é tão difícil fazer escolhas. A dúvida é o oposto da fé. A fé é a certeza das coisas que não vemos ou de situações que não antecipamos. E quanto às escolhas? Elas continuam na fila de espera, aguardando nossa decisão e nossa sabedoria. A vida é um jogo de escolhas que traz impactos diretos sobre a própria pessoa e sobre outras. Tudo é muito difícil quando se trabalha com o fator incerteza – assim como os casos dos relacionamentos amorosos que podem culminar com um "sim" ao casamento.

Desse modo, pelo que vimos até agora, fazer escolhas é mais complexo do que se imagina. A melhor decisão é a decisão perfeita. Mas como podemos ter certeza de que tomamos a decisão perfeita? Existe uma maneira de combinar as variáveis objetivas e subjetivas a fim de sempre tomar a decisão perfeita? Ninguém erra porque gosta de errar. Os erros são resultado de escolhas malfeitas que acreditávamos ser a melhor opção do momento. Quando fazemos uma escolha, acreditamos estar fazendo a melhor. Talvez nem exista a decisão perfeita. Porém, o mais importante é você ter a certeza de que deu o melhor de si, usou o melhor de sua experiência, conhecimentos e valores, analisou com muito critério todos os aspectos de suas escolhas, ouviu as pessoas que amam você de verdade, como os seus pais, orou para que Deus iluminasse os seus caminhos. Enfim, não deixou somente um coração apaixonado decidir por você!

E, entre as inúmeras escolhas de nossa longa existência, talvez a escolha de um marido certo seja a mais importante. Ou, no mínimo, estará entre as de maior importância. Entretanto, tenho a certeza de que minha querida leitora está dizendo: "Mas, meu querido autor, a escolha de um marido é coisa do coração, não da razão!". E é exatamente aí que está o perigo! Este é o ponto de origem de tantos casamentos desastrosos e até trágicos! Então vamos fazer um acordo... Você se deixa atrair pelo coração, mas toma uma definição final de casamento pela razão. Fechado?

Ah! O amor é cego!

Não há quem não conheça e não tenha repetido essa frase centenas de vezes ao longo de sua vida. Mas é o amor ou a paixão que é cega? Ou os dois? E quais as suas consequências, no caso de uma relação entre dois "amantes cegos" ou "apaixonados cegos" culminar em casamento? E se desse casamento nascerem filhos?

Ah! O amor é cego!

Essa frase pode ser muito bonita e romântica. Mas, sob o ponto de vista social, pode se transformar em um verdadeiro desastre e em uma das principais causas para um grande número de casamentos fracassados, infelizes, separações conflituosas e até atos de extrema violência na vida conjugal. E, o que é ainda pior, os filhos de muitos casamentos que se pautaram exclusivamente no chamado "amor cego" podem sofrer uma educação que vai se parecer mais com uma tragédia, em decorrência dos exemplos negativos, incompatibilidades, incoerências, inconsistências, desarmonia, divergências, discussões e agressões de pais que não se entendem, determinando uma má formação de conduta e personalidade com reflexos negativos que acompanharão os filhos por toda uma vida.

Nesses cinquenta anos que trabalhei na área de Recursos Humanos, pude presenciar todos os tipos de dramas humanos, entre eles a separação de casais ou, o que é ainda mais grave, a manutenção de casamentos em condições de incompatibilidade extrema com grande sofrimento, frustração e impacto nas relações trabalhistas. O funcionário casado, que vive um casamento frustrado, com constantes atritos, brigas e discussões, apresenta problemas sérios de desempenho – o que se torna um problema de relações trabalhistas nas empresas. E esse quadro pode se agravar muito se violências físicas e morais passam a fazer parte do cotidiano da vida do casal. Não raras vezes presenciei desligamentos por queda contínua e irrecuperável de desempenho de funcionários maridos ou funcionárias esposas em decorrência de problemas no casamento.

Igualmente, as assistentes sociais das empresas em que trabalhei registravam inúmeros casos de problemas com os filhos de funcionários em decorrência de um quadro doméstico desfavorável devido ao mau relacionamento entre os pais, cuja convivência era marcada pela desarmonia, conflitos, brigas, violências e divergências sérias sobre educação de filhos. Em muitos desses casos, quando em sessões de aconselhamento com funcionários envolvidos nessas situações, pude identificar uma causa constante e um denominador comum – casaram sob o efeito do chamado "amor cego". Comecei a me interessar por esse problema, muito pouco considerado nos estudos dos conflitos conjugais e muito menos ainda levado a sério quando dois seres "cegamente apaixonados" resolvem se unir nos laços do casamento.

E não era somente no ambiente de trabalho que eu constatava esse problema. Convivendo com amigos e filhos de amigos, parentes e filhos de parentes, vizinhos e filhos de vizinhos, amigos de meus filhos e em muitas outras situações, eu era frequentemente surpreendido com casamentos fracassados, originando separações ou uma desgraçada vida em comum muito prematuramente. Ao tomar conhecimento dos detalhes que antecederam a união de duas pessoas em um casamento de fracasso, surgiam sempre a mesma causa e o mesmo denominador comum – "o amor cego". E eu ouvia, tanto no ambiente de trabalho quanto no social que frequentava, as seguintes respostas quando perguntava o que levara a pessoa a se apaixonar e casar:

O que mais me atraiu desde o início foram os seus olhos. Eu descobri logo ao primeiro olhar que aquele seria, definitivamente, o homem da minha vida. Sabe quando uma pessoa tem certeza de uma coisa? Foi assim comigo logo que olhei para ele da primeira vez. Além de seus lindos olhos azuis, ele tinha um rosto lindo e um corpo musculoso, malhado, bronzeado que me deixava louca! Eu não tinha dúvidas. Estava perdidamente apaixonada!

Eu tenho até dificuldades para enumerar as razões de minha paixão por ele. Ele era o homem perfeito! Ele tinha tudo de que eu gostava: rosto lindo, olhos azuis, corpo malhado, o seu andar, a sua maneira de bocejar, ele dançava muito bem, era falante, sorria com facilidade. E muitas outras características que me deixaram muito, mas muito apaixonada!

Nosso namoro começou da maneira mais romântica que você possa imaginar! Estávamos sentados na areia da praia, eu, ele e alguns amigos e amigas. Era uma noite de luar e cantávamos ao som de um violão. Ele estava sentado ao meu lado e me olhou como ninguém jamais me olhara antes. Amei-o no primeiro momento! Sabe aquela história de "amor à primeira vista"? Pois é, foi o que aconteceu conosco! Depois conheci muitas outras qualidades nele que fizeram com que eu me apaixonasse e aceitasse um convite de casamento em menos de um ano. Ele era alegre, divertido, contava piada o tempo todo, mantinha o ambiente em alto astral, era muito carinhoso e queria me beijar o tempo todo. Era um grande amante!

Bem, na verdade eu confesso que era difícil nós termos os mesmos interesses. Às vezes, eu o encontrava bem-humorado. Mas outras vezes ele mudava como se fosse outra pessoa. Em nosso namoro, tentávamos acertar passeios e viagens, mas nem sempre tudo dava certo. Ele era muito instável e fazia com que nosso namoro fosse igualmente instável. Mas mesmo assim eu o amava muito, tinha a certeza de que ele nascera para mim e acreditava que, com o poder de meu amor, eu o mudaria com o tempo!

Eu estava apaixonada de verdade. As pessoas vinham me aconselhar a repensar nosso namoro. Diziam que ele não tinha nada a ver comigo. Mas eu não ligava e nem entendia as razões dessas pessoas falarem assim. Elas não sabiam quanto ele era maravilhoso. Eu não estava interessada em conselhos de ninguém, pois sabia que ele era o que queria. Meus pais também eram contra o namoro, mas eu estava decidida a não ouvir o que eles diziam de nós dois. Eu o amava. Apesar de seu jeito "bad boy", machão. Isso me atraía!

Tenho certeza de que os leitores poderiam incluir dezenas de casos semelhantes que vivenciaram ou acompanharam como experiências de pessoas próximas. Mas o que leva algumas pessoas a assumir um compromisso tão sério como o casamento sob o efeito de um "amor cego" ou uma "paixão cega"?

Como podem ser tão amadoras e ingênuas? E por que isso acontece em um número tão impressionante? Casamento é um dos mais importantes atos da vida de uma pessoa. É uma família que se organizará, em que bens em comuns serão adquiridos, filhos nascerão e precisarão ser educados e orientados para a vida, fora, ainda, as emoções que envolverão os pais e irmãos de ambos os lados, além dos amigos.

Modernamente, alguns podem afirmar e aceitar o conceito de que "é assim mesmo, se não der certo separa e pronto!". Mas não é tão simples assim, não é mesmo? Como ficam, após a separação, a família, os filhos, os compromissos financeiros, os bens adquiridos em conjunto, a frustração das pessoas que tão alegremente compareceram ao casamento com seus votos e presentes? Será que é de fato mais fácil separar e pronto? Ou seria mais fácil pensar melhor sobre as consequências do amor e paixão cegos e como evitá-los?

A paixão e o amor têm sido explicados e cantados por poetas, psicólogos, conselheiros, sexólogos, sociólogos, entre tantos outros profissionais especializados.

A paixão é explicada como aquele sentimento incontrolável e avassalador que deixa a pessoa sem rumo, sem chão, sem visão, sem identidade e que a faz gostar mais do outro do que de si mesma, a viver mais a vida dele. É o sentimento que faz o apaixonado cometer loucuras e abrir mão do que mais gosta por outro. E sua perda faria com que a vida não valesse mais a pena. Paixão é euforia – rápida, súbita, agressiva. É vendaval, dúvida. Paixão destrói, se vinga, é doença, cria obstáculos. Paixão é egocêntrica, passional e escandalosa. Quando só existe paixão, o apaixonado vê no outro apenas um rosto bonito, um corpo bem-feito, um andar atraente, não importando se ele é vazio em seu interior. Na paixão, o que importa é o amor louco; o "exterior" é o que vale, não o que a pessoa é realmente. O "interior" fica em um plano menor. A paixão começa muitas vezes logo no primeiro encontro – "à primeira vista"! A paixão afeta a personalidade, fazendo a pessoa viver sonhando, totalmente fora da realidade; ignorando seus pais, irmãos, amigos, que já não são mais importantes para ela, pois o seu sentimento é que vem em primeiro lugar; além de se tornar menos eficiente e responsável. A distância diminui e desmascara a paixão .

Já o amor é duradouro, progressivo, delicado, um ar fresco que renova a alma, saúde para o corpo e mente, alívio para o espírito e para as dores, certeza no futuro, cura das tristezas, superação das dificuldades. O amor faz a pessoa querer ser mais, aprender mais para poder trocar com a pessoa que ama novas lições e experiências de vida. O amor é cuidadoso, atencioso e cúmplice. Traz paz. No amor, o que mais atrai no outro é o caráter, a beleza do seu interior, os momentos passados a dois compartilhados nas alegrias e tristezas, o interesse em fazer planos para o futuro. O verdadeiro amor não vê apenas os aspectos físicos, mas, sim, a força de sua personalidade, sua autenticidade, sinceridade e beleza interior. A atração física existe, claro, porém é apenas um dos aspectos atraentes da pessoa. O amor valoriza o carinho, a meiguice, a ternura, a fidelidade, a confirmação de que a pessoa é um bom filho, bom irmão, bom amigo, bom aluno. Valoriza ainda a maneira como trata seus pais, as crianças, os animais, seu caráter, atitudes e opiniões. Acima de tudo, se o amor é correspondido, torna-se uma via de duas mãos.

O verdadeiro amor surge com o tempo; é algo mais amadurecido. Muitas vezes, começa com uma amizade, sem namoro. Com o passar dos dias, essa amizade pode se transformar em amor. O tempo faz, então, com que ambos se conheçam melhor e ressaltem as boas – e as más também – características de cada um, sua real personalidade. E o amor influencia essa personalidade para melhor, tornando a pessoa mais autêntica e feliz, sem afastá-la de seus pais, irmãos e amigos, pois o verdadeiro amor não é egoísta. Ele permite ser compartilhado com os familiares e amigos. À distância, o verdadeiro amor só tende a aumentar. O amor é duradouro, chega com calma, cresce de maneira progressiva, como uma brisa. No amor há saúde e certeza do sentimento. No amor as pessoas são cúmplices, cuidadosas umas com as outras.

E há ainda as contribuições de autores diversos:

> Nunca devemos julgar as pessoas que amamos. O amor que não é cego não é amor. *Honoré de Balzac*

> O amor é cego, por isso os namorados nunca veem as tolices que praticam. *William Shakespeare*

> Se amor é cego, nunca acerta o alvo. *William Shakespeare*

> O amor é cego e pensa que ninguém o vê. *Provérbio dinamarquês*

> O amor é cego, o amor é mudo. Mas para quem ama, o amor é tudo! *Lorena Martins*

> O amor é cego, é verdade. Porém, é cego ao seu jeito: quem ama vê qualidade, mas não enxerga defeito. *Newton Rossi*

> A maior prova de que o amor é cego é que, às vezes, amamos quem não nos ama. *Ediel*

Mas tanto os casamentos sob os efeitos da "paixão cega" como do "amor cego" podem fracassar e ter as mesmas infelizes e trágicas consequências se a mulher não estabelecer critérios e padrões a serem cumpridos pelo pretendente antes do seu "sim". E essa é a contribuição que queremos dar neste livro, que, apesar de formulado com senso de humor e até aparente irrealidade, se reveste de muita seriedade. Tenho certeza de que, no mínimo, seus principais conceitos serão incorporados aos conhecimentos das minhas leitoras e estarão presentes, consciente ou inconscientemente, quando as mulheres se confrontarem com a situação de escolha e decisão quanto a dar o "sim", valorizando esse "sim".

II

CASOS ILUSTRATIVOS

Antes de apresentar as **técnicas de RH para selecionar e segurar marido,** vamos acompanhar o relato de alguns casos selecionados a esmo entre os milhares de outros verdadeiros de casamentos infelizes, desastrosos e até trágicos realizados todos os dias sob a égide e a máxima do "amor cego".

Visando a sua melhor sensibilidade para esse importante assunto, à medida que tomar conhecimento dos casos a seguir, procure se lembrar de suas próprias vivências e recapitule-as nos diversos ambientes de seus relacionamentos, como trabalho, escola, vizinhança, clube, em grupos de amigos e/ou de pessoas da família.

Caso 1

Sueli era uma jovem romântica de 18 anos que se esforçava para ter uma vida melhor. Ela era costureira em uma confecção do bairro onde morava, mas tinha outros planos para o futuro. Estudava para ser uma cabeleireira e ter o seu próprio salão de beleza, com serviços de corte de cabelo, manicure, maquiadora e tudo o que um bom salão precisa ter. Nesse esforço para uma vida melhor, ela tinha pouco tempo para olhar para os rapazes e namorar.

Armando estava vivendo a vida de solteiro aos 26 anos. Ele trabalhava em uma oficina de manutenção de teares. Era um rapaz de pouca fala e concentrado no serviço, a ponto de não prestar muita atenção nas moças que diariamente suavam nos teares para garantir a produção do dia. Mas uma delas em especial, a Sueli, admirava seu modo de ser quieto e compenetrado no que fazia, e não demorou muito para notar que Armando tinha um bom porte físico e braços morenos decorados com uma pelugem dourada do sol. Sueli começou, então, a sentir seu coração bater mais apressado quando via Armando. Em alguns períodos, ele vinha à tecelagem todos os dias, em outros, passavam-se semanas sem que ele aparecesse. "Deve estar fazendo serviços em outras tecelagens!" – concluía Sueli. Até que, em uma tarde, o tear de Sueli precisou de manutenção. E Armando foi chamado para tentar resolver o problema. Ao chegar, Sueli posicionou-se ao lado do tear para explicar ao Armando o que acontecera. Pronto! As poucas palavras trocadas foi o bastante para ela se sentir "cegamente apaixonada". "Foi Deus quem pôs esse homem em minha vida! Só pode ser! Nossos caminhos se encontraram!" – Sueli pensava, exultante. Apesar de não ser um homem de muita fala, Armando também se interessou por Sueli, e ambos combinaram de se encontrar na praça do bairro, próxima à igreja, no final de semana. A partir, então, daquela conversa sobre o problema com o tear, os dois acabaram iniciando um namoro e se viam com relativa frequência – salvo alguns períodos de desaparecimento, que Armando justificava como serviços em outras cidades. Sueli nunca duvidou disso, claro. Passados alguns meses, eles resolveram se casar. Sueli logo engravidou, e, depois de três anos juntos, já tinham dois filhos lindos. Tudo ia bem, exceto nos finais de semana em que Sueli enfrentava as crises de Armando por excesso de bebida. Ele não era, como muitos, violento, porém a bebida foi consumindo parte cada vez maior do seu tempo. Ele passou a beber também durante a semana e, como sempre foi de poucas palavras, chegava em casa bêbado e caía no sofá, apático, muitas vezes sem dizer nada. O que Sueli não sabia é que os períodos de desaparecimento de Armando já eram em razão do vício da bebida – o que só veio a saber anos depois. Com a bebedeira quase diária, o rendimento do trabalho de Armando caiu muito, e ele acabou sendo demitido. Ainda assim, Sueli seguia seu rumo. Montou o seu tão sonhado salão de beleza e passou a ganhar bem mais do que como costureira, pois conquistou uma boa clientela por ser muito limpa e caprichosa. Armando, por sua vez, nem se mexia para procurar emprego, pois agora tinha os recursos financeiros garantidos por Sueli para a manutenção da casa. Quando sóbrio, ele ajudava na limpeza do salão, ia pagar as contas, fazia compras e ajudava até nos serviços domésticos. Mas esses períodos de sobriedade estavam ficando cada vez mais raros. Armando passou a beber tanto, que se tornara um viciado, um alcoólatra. Mas era um homem de bom coração e de paz. Nunca tomou uma atitude que Sueli pudesse considerar como violenta. Bebia, ficava caído pela casa, dormia e saía para beber mais. Sueli sentia pena dele e nunca passou por sua cabeça uma separação. Isso seria como jogá-lo na sarjeta, mas tinha consciência de que a responsabilidade como arrimo de família aumentara – ela é quem precisava garantir tudo para a família. Por muitos anos, Sueli aguentou essa situação. Ela envelheceu, vendo seus filhos crescerem sob a má influência do pai, e com um agravante: seu filho também bebia, e muito. Sueli passou uma vida toda sob o contraste de ser bem-sucedida profissional e materialmente e amargurada e triste por ter um marido dessa forma a seu lado. Ela recebeu vários conselhos de amigas, clientes e parentes para abandoná-lo. Porém, Sueli nunca teve coragem para isso. Optou pelo sofrimento de uma vida inteira para honrar seus votos de casamento. Casou-se simplesmente pelo coração, sem nem procurar saber quem era aquele rapaz quieto que conhecera na empresa, seus antecedentes, onde morava, o que seus amigos achavam dele, seus hábitos quando não trabalhava... Tampouco se interessou em saber a razão de seus desaparecimentos periódicos. Há algum tempo, Armando morreu de cirrose, deixando Sueli viúva e sozinha.

Caso 2

Gianne era uma jovem sonhadora, romântica e muito ambiciosa. De origem humilde, passando até por dificuldades em sua casa, no esplendor de sua beleza, aos 22 anos de idade, ela via no casamento a possibilidade de melhorar de vida. Assim, a única e importante condição que estabeleceu foi que seu marido teria que ser um homem rico, não se importando caso ele fosse mais velho que ela. Ela sonhava em ser amada, viver em uma bela casa cercada de todo conforto, fazer viagens maravilhosas e ter recursos para criar e educar os filhos que viesse a ter.

Geraldo era dono de uma loja de utilidades domésticas. Era uma loja suficientemente grande, com muitos funcionários e um bom faturamento. Ele era solteirão, rico e já beirava os 50 anos. Um dia, ao passar pela loja, Gianne interessou-se por um anúncio ao cargo de caixa fixado na vitrine. Logo entregou seu currículo a Geraldo, que, de súbito, exaltou as qualificações e, principalmente, a beleza e jovialidade de Gianne. Desde sua admissão, a moça notou que Geraldo lhe dava uma atenção toda especial. No início, acreditou ser um tratamento normal para uma funcionária nova de casa. Mas, com o passar do tempo, Gianne sentiu que Geraldo estava interessado nela como homem. E, uma vez que já estava totalmente programada para arrumar um casamento com um homem rico, mesmo que fosse mais velho, Gianne viu em Geraldo sua grande oportunidade. O contraste entre os dois era notório. Gianne era jovem e muito bonita. Geraldo era um homem de expressões fortes, para não dizer feio, e, claro, bem mais velho que ela. Gianne nunca procurou saber como um homem rico e bem posicionado na vida ainda estava solteiro aos 50 anos . Na verdade, ele poderia ser seu pai. Mas o coração de Gianne batia cada vez mais forte sempre que lhe vinha à mente um possível namoro com Geraldo tomar o rumo do altar. E ele, de sua parte, avançava na escalada para conquistar Gianne. Começaram os presentes caros – um anel, um relógio, um colar, um par de brincos, sempre de ouro e pedras preciosas. Em seguida, convites para jantares em lugares requintados. Roupas, ela não tinha. Assim, recebeu dele o famoso "banho de butique". Gianne não se continha de emoção e alegria. Seus planos de um futuro melhor começavam a dar certo, finalmente. Em poucos meses, Gianne sentia um "amor cego"por Geraldo, que demonstrava um sentimento de amor, mas da forma madura que sua idade já lhe ensinara. O sonho de Cinderela começava a se tornar realidade – a moça pobre se casa com o patrão rico! Quando completou seis meses como funcionária da loja, Geraldo pediu Gianne em casamento. Ele tinha grande orgulho de ter ao seu lado uma mulher linda e bem mais jovem que ele. E nem se importava com os olhares de reprovação ou espanto que as pessoas lhe dirigiam quando o casal entrava nos restaurantes, teatros ou outros lugares a passeio. Gianne montou a casa de seus sonhos. Seus pais, pobres, sentiam-se felizes por ela, apesar de preocupados e inseguros quanto àquele casamento. Gianne nem se incomodou com o regime de casamento com separação total de bens exigido por Geraldo. Para ela, isso não era importante, e, sim, viver um presente maravilhoso, acreditando em um casamento "até que a morte os separe". Bem, esse era o quadro inicial, que se alterou bruscamente quando Gianne confirmou para Geraldo sua gravidez. Ele não pretendia nem queria ter filhos e já havia dito isso várias vezes para ela. Mas um descuido fez com que Gianne engravidasse. Enfurecido, Geraldo exigiu que procurasse um médico para fazer o aborto. Gianne não concordou sob condição alguma. Ela gostou da ideia de ser mãe e, além do mais, um filho de Geraldo lhe daria maior segurança no casamento. Grave engano. Geraldo revelou, então, um comportamento velho conhecido seu, o mesmo que tivera com tantas outras namoradas e companheiras no passado – o de um homem violento. Gianne começou a sofrer violências verbais e físicas quase todos os dias. No início, ela não contou sobre essa situação para seus pais. Até que um hematoma no rosto denunciou o drama que estava vivendo. Em uma das discussões sobre o aborto do filho que Geraldo não queria, ele a chutou na barriga, o que a levou ao hospital. Ela não tinha coragem de denunciá-lo à Delegacia da Mulher. Temia até por sua vida. Afinal, era uma jovem, vivendo sob o mesmo teto com um homem bem mais velho que ela e extremamente violento. Porém, com o tempo, Gianne cansou de sofrer tantas agressões e simplesmente faltou ao serviço em uma manhã, arrumou uma pequena mala com suas roupas preferidas e mudou-se para a casa simples de seus pais. Lá encontrou a segurança, proteção e o conforto moral de que tanto precisava para levar adiante sua maternidade. Foi uma dura e sofrida experiência causada por um erro grosseiro do "amor cego". Geraldo chegou a procurá-la algumas vezes, dizendo-se arrependido e pedindo sua volta. Mas Gianne não tinha mais esperanças quanto ao seu sonho de Cinderela. Geraldo, por fim, acabou concedendo-lhe o divórcio e uma boa pensão para o filho. Pelo menos nesse aspecto, Gianne conseguira o que tanto queria: segurança material para o futuro. Porém, depois de tudo que passou, restava-lhe uma certeza – não tinha valido a pena.

Caso 3

Aos 42 anos, solteira, Dra. Helenice era uma renomada dermatologista. Quando questionada sobre a razão de não ter casado ainda, ela sempre dizia: "Eu casei com a minha carreira, meu trabalho!". Sim, ela teve alguns namorados, porém nenhum deles despertou seu amor e sua paixão. Rica, bem-sucedida, aparentava ser mais um caso da solteirona convicta. Entretanto, certa manhã, seus conceitos estavam prestes a mudar. Na sala de espera estava Dionísio. Ele era alto, forte, cuidava bastante de sua aparência, tinha os cabelos aparados à navalha, cheiroso, mais jovem do que ela e uma dentição que comprovava ser como um gabarito da raça humana. E foi com esse sorriso de teclado de piano (sem as teclas bemóis) que Dionísio cumprimentou a Dra. Helenice quando chamado para a consulta. Ela se desconcertou de imediato! E a pequena mancha na pele dele que precisava de tratamento passou a ter pouca importância naquele momento. Os dois trocaram muitas informações "extramédicas", falaram de suas vidas, o que gostavam de fazer quando não estavam trabalhando, onde moravam, que filmes e passeios curtiam. O clima era de mútuo interesse. A Dra. Helenice sentiu em seu coração algo que jamais sentira antes. Ele batia forte em seu peito. Ela, olhando para Dionísio, descobriu algo que ignorava antes: sua atração por homens da raça negra. E suas fantasias sexuais foram a mil. Ela já ouvira falar da fama dos negros em termos de amor e sexo, e tremia só de imaginar tê-lo a seu lado na cama. No retorno da consulta, a cena repetiu-se e os dois começaram uma amizade que logo se transformou em um namoro, para, em apenas quatro meses, finalizar em casamento. A Dra. Helenice finalmente encontrara o amor e sua paixão na vida, para alegria de seus colegas médicos, suas amigas e também de seus pais, já idosos, que se preocupavam em vê-la sozinha no futuro. Dionísio não era um homem de grandes recursos e tinha um emprego modesto de *personal trainer*. Era tudo o que ela queria. Um homem bonito, forte, mais jovem, corpo escultural, negro, bem dotado e, ainda, *personal trainer*. A lua de mel, totalmente custeada por Helenice, foi nas Bahamas, e ela experimentou as maiores e melhores sensações e prazeres de toda sua vida. Sentia-se feliz e recompensada em todos os seus esforços para crescer na vida. O destino havia finalmente lhe dado um prêmio na figura de Dionísio. E os primeiros seis meses de casamento foram sensacionais. O apartamento de Helenice foi reformado; ela montou uma sala completa de ginástica em um dos quartos, um escritório ao gosto de Dionísio, e ainda comprou as melhores roupas que podia para ele. Ela queria, assim, demonstrar todo o seu amor e reconhecimento ao homem que transformara sua vida. Entretanto, após essa tórrida lua de mel dos primeiros seis meses de casamento, Dionísio começou a mostrar os primeiros sinais de desinteresse. Em seus 28 anos de idade, atuando como *personal trainer*, ele tinha a oportunidade de conhecer mulheres de todos os tipos, de todas as cores, de todas as idades. E ele tinha uma queda pelas loiras e jovens. Assim, Dionísio voltou à sua vida anterior, quando os programas e aventuras amorosas com alunas eram frequentes. Ainda sob o efeito da lua de mel, Helenice nada desconfiava. Ele ganhou o tão sonhado carro novo de presente e tinha um reforço de caixa para as suas despesas diárias, que não podiam ser cobertas com o seu baixo salário de *personal trainer*. E Helenice fazia isso com todo amor de mulher, quase maternal. Mas o destino – novamente ele – preparava uma armadilha para Dionísio. Rosana, uma amiga de Helenice, que ele não conhecia, frequentava a academia em que Dionísio dava aulas e se oferecia para aulas extras como *personal trainer*. Ele se aproximou e se insinuou para Rosana, que deu corda. Após algumas semanas, ele fez o tradicional convite para um programa mais íntimo depois da aula. Logo Rosana ficou sabendo que ela não era a primeira a ser cantada pelo professor e, inclusive, relatos sobre esses programas também já corriam soltos, bem detalhados, aliás, pelas alunas que já tinham saído com Dionísio – a essa altura, disputado por muitas mulheres da academia. Mas Rosana era muito amiga de Helenice. Elas eram vizinhas desde a infância, estudaram juntas e se separaram somente quando uma foi para o curso de Medicina e a outra, para o de Direito. "Devo avisar ou não minha amiga sobre esse comportamento do Dionísio?" – questionava-se Rosana, sem saber ao certo o que fazer. Após algumas semanas com esse dilema, Rosana encheu-se de coragem e resolveu contar tudo a Helenice, principalmente quando ouviu Dionísio se referir a ela como "a velha lá de casa", desrespeitosamente. Assim, após ouvir o relato de Rosana, o mundo de Helenice caiu. No primeiro momento, ela se desesperou, chorou, gritou... sem acreditar no que ouvira. Depois, resolveu se afastar do consultório por algumas semanas, pois precisava meditar e tomar uma decisão. E essa decisão, claro, como era de se esperar, foi pelo fim desse precipitado casamento. Se ele a considerava velha agora, como seria seu comportamento à medida que ela fosse avançando na idade? E esse foi o questionamento conclusivo para a decisão de Helenice. Foi uma decisão dura para ela, mas que precisava ser tomada. O amor cego e, talvez, uma atração mais física do que espiritual a levaram a um casamento errado. Dionísio perdeu suas mordomias; Helenice voltou com mais afinco ainda às suas atividades no consultório. Só que Dionísio não parou por aí, não. Tomara gosto pela coisa, e, com o tempo, continuou a ser sustentado não por uma esposa, mas por várias amantes ricas e casadas, mais velhas, que o contratavam como *personal trainer* para "aulas personalizadas" em suas residências, onde ele podia demonstrar todos os seus "dotes especiais", em horários em que seus estressados maridos enfrentavam os aborrecimentos e desafios em suas ocupações profissionais. *C'est la vie*! Porém, isso tinha um tempo para acabar... logo que os cansados e estressados maridos começassem a se preocupar com um problema muito sério para eles – a elevação dos custos com a academia de suas esposas.

Caso 4

Beatriz era o que se podia chamar de uma mulher completa em termos de atributos físicos, beleza e inteligência. Jovem, de família de classe média, estudante de Direito. Dr. Cláudio era um experiente advogado, mantendo um escritório próprio de advocacia em São Paulo e uma importante filial em uma grande cidade do interior. Ele prestava consultoria trabalhista e societária para grandes empresas. Era um homem maduro, tinha 45 anos de idade e o charme de um homem bem-sucedido na vida. Beatriz, muito aplicada nos estudos, foi aprovada para ocupar a vaga de estagiária de Direito no escritório de Cláudio. Era tudo o que ela almejava – estagiar em um escritório de advocacia no ramo que pretendia se especializar. Inteligente que era, Beatriz aprendia facilmente a rotina dos processos, os conceitos e fundamentos legais das consultorias dadas por escrito aos clientes, a ponto de, em muito pouco tempo, absorver atividades do escritório próprias dos advogados mais experientes. E isso encantava e chamava a atenção de Cláudio. Ela fazia de tudo para agradar o seu orientador, e ambos iniciaram uma amizade profissional que se transformou em uma grande amizade pessoal. Assim, Beatriz não via maiores problemas em aceitar convites para jantar fora, passeios ao shopping e idas a teatros acompanhada pelo Dr. Cláudio. Mas isso não acontecia sempre. Havia períodos em que Cláudio se concentrava nas atividades do escritório na cidade do interior e desaparecia por alguns dias. E, geralmente, quando estava em São Paulo, às sextas-feiras, ele viajava para o interior, retornando apenas na segunda-feira da semana seguinte. Desse modo, Beatriz não se encontrava com ele aos finais de semana, e aproveitava para se dedicar aos amigos e passeios com a família. No escritório, ninguém sabia da vida particular do Dr. Cláudio, ou, se soubesse, nada era comentado. Com o passar do tempo, a amizade entre

Beatriz e Cláudio, que a essa altura já tinha liberado Beatriz de chamá-lo de doutor, transformou-se em namoro. Um tórrido namoro. Os dois ficaram "cegamente" apaixonados, a ponto de Beatriz concordar, apesar de conhecê-lo há tão pouco tempo, em ir morar junto com ele em um lindo e confortável apartamento montado especialmente para o casal. Os dois passaram, assim, a ter uma vida como se casados fossem. Mas havia uma condição que Beatriz tinha que seguir rigorosamente: manter o segredo desse relacionamento no escritório. Cláudio justificava isso pela necessidade de respeitar o ambiente profissional e para que ela não passasse a ter um tratamento diferenciado dos demais funcionários. Beatriz concordou e não deu importância alguma a essa exigência de Cláudio, entendendo a situação. Tudo corria bem, as relações eram ótimas e o amor era exercido com todo esplendor. Ele era um grande amante e ela, jovem, aproveitava esse seu momento com muito prazer e felicidade. Mas um dia aconteceu o que Beatriz nunca imaginara. Cláudio tinha ido ao fórum para uma audiência e esquecera o celular em sua sala. Quando o celular tocou, Beatriz atendeu a ligação, imaginando não ter problema algum uma vez que ela era sua esposa. Assim que atendeu, uma voz feminina foi logo perguntando por Cláudio. Beatriz, ao questionar quem gostaria de falar com ele, ouviu do outro lado da linha: "Sua esposa!". Ela se calou por alguns segundos, ficou gelada, perdeu o fôlego, sentiu uma sensação de desmaio, mas conseguiu responder: "O Dr. Cláudio não está no momento; a senhora gostaria de deixar um recado?". A mulher simplesmente respondeu: "Sim, diga que sua esposa ligou!". Beatriz ainda encontrou forças para escrever um bilhete e deixar na mesa de Cláudio: "Dr. Cláudio, sua esposa ligou e pediu para dar retorno. Adeus!". No apartamento, aos prantos, ela arrumou suas coisas e foi buscar abrigo na casa dos pais. Nunca mais apareceu no trabalho, nem para dar baixa em sua carteira profissional. Se Beatriz não tivesse aceitado esse "casamento informal" provocado por um "amor cego", se tivesse dado mais tempo para curtir o namoro e conhecer melhor Cláudio, talvez tivesse a sorte de receber essa ligação antes de um maior comprometimento com ele ou mesmo de saber a verdade por outros meios. Mas não... tudo fora às pressas. Beatriz ficou de fato traumatizada e levou muito tempo para se recompor. Chegou a pensar em vingança, abertura de processo. Mas preferiu esquecer tudo. Alguns anos depois, ela soube que Cláudio havia se separado da esposa. Isso explicava as insistentes ligações para a sua casa e seu celular, às quais não dava retorno, logo após ter largado Cláudio. Mas Beatriz ainda tinha o coração ferido de morte. Preferiu, assim, dedicar-se à sua carreira em outro escritório de advocacia e esquecer seus aborrecimentos em uma agradável viagem em um cruzeiro marítimo.

Caso 5

Lídia era uma mulher simples, vinda do interior para morar na cidade grande. Ela era romântica e ainda tinha muita fé nas pessoas, além de uma ingenuidade nata graças a sua educação de família interiorana. Em São Paulo, foi trabalhar no escritório de uma grande empresa, na qual servia café aos funcionários e atendia serviços de copa para a gerência e diretoria. Ela era muito querida no ambiente de trabalho, e todos mantinham por ela grande carinho e amizade. Lídia morava sozinha na periferia, em uma casa de um quarto, cozinha e banheiro. Era feliz. Nessa mesma empresa, trabalhava Reinaldo, um segurança, mais velho que ela, separado de sua mulher que morava no Nordeste. Reinaldo era um mulato forte, alto e de boa aparência e ficava muito elegante em seu uniforme de trabalho. Era também um homem calado e enigmático. Era impossível saber em que estava pensando ou o que andava planejando. Talvez até por isso mesmo ele tivesse um charme todo especial como segurança. E cafezinho daqui, cafezinho dali, Lídia afinal conheceu Reinaldo, Reinaldo conheceu Lídia e os dois trocaram olhares fortes de interesse, que os atraíram para uma forte amizade, um namoro e um casamento realizado às pressas em menos de seis meses de namoro – muito em razão da inesperada gravidez de Lídia. Mas ela estava muito feliz. Viera para São Paulo, tinha sua casinha, um bom emprego e agora conhecera o homem de sua vida, o homem pelo qual sentira um "amor cego" à primeira vista e dele teria seu primeiro filho. Ao lado de Reinaldo, Lídia sentia-se segura e protegida. Porém, ainda durante a gravidez, Lídia começou a perceber as verdadeiras facetas de Reinaldo. Ele era um homem extremamente ciumento. Proibia-a de se pintar, de conversar com outros homens, de falar com vizinhos e, mesmo no escritório, ele não a queria surpreender conversando com funcionários homens. Ela começou a perder seu rumo, uma vez que era uma pessoa simpática, de fácil relacionamento e gostava de socializar com os funcionários da empresa. E Reinaldo não parou por aí. Começou a mostrar o seu lado violento, chegando a dar-lhe murros e tapas se contrariado em uma comida que não julgasse boa ou um uniforme de trabalho que julgasse mal passado. E, entre tapas e beijos, Lídia procurava levar o seu casamento, omitindo-se de comentar o que se passava em casa quando questionada por alguma secretária ou outro funcionário da empresa. Desse casamento nasceu Mário, um menino lindo e forte, como o pai. Lídia acreditava que Reinaldo mudaria com o nascimento de seu filho. Mas aconteceu o contrário. Ele se tornou mais ciumento e violento e começou a criticá-la por dar mais atenção ao menino do que a ele. Cansada de tantas ofensas físicas e verbais, Lídia resolveu se separar de Reinaldo. E a reação foi imediata. Um murro no rosto derrubou Lídia ao chão. Ela faltou ao serviço alegando doença, e uma vizinha amiga a aconselhou a dar queixa na Delegacia da Mulher. Ela achou melhor não. Lídia pensou em outra coisa. Tinha um plano. Sairia de casa e iria à procura de seus pais no interior. E assim fez. Quando Reinaldo voltou do trabalho, após um turno de horário diferente de Lídia, encontrou a casa vazia, sem sua mulher e o bebê. Nem um bilhete esclarecia o paradeiro dos dois. Reinaldo ficou possesso de ódio. Alguns dias depois, o noticiário viria a transmitir mais um crime passional em São Paulo, agora em uma pacata cidade do interior. "Segurança mata a esposa com um tiro na cabeça por se recusar a reatar o casamento". Mário cresceu com os avós, sem conhecer os pais. Era um lindo menino, inteligente, estudioso, que seria um grande homem, como Lídia sempre sonhou.

Caso 6

Cecília, solteirona balzaquiana, de boa formação, com bom emprego, uma razoável experiência em namoros com certo grau, digamos, de "liberalidade". Marcelo, solteiro, vivia de oportunidades no mercado de trabalho, como venda de produtos do Paraguai, venda de uma moto ou carro de um amigo em troca de comissão. Cecília, descontente com sua solteirice e não querendo ficar para titia, acessava diariamente os blogs e fóruns de *chat* em busca de namorados. Romântica e *caliente*, Cecília nunca perdeu a esperança de encontrar o "homem de sua vida", uma vez que vinha de frustradas relações amorosas anteriores. Assim, em uma bela noite, eis que em seu *chat* surge Marcelo. E depois do "Oi! Quem é você?" e "Oi! Sou a Ceci, e você?", os dois passaram a se comunicar pelo *chat* todas as noites e por horas seguidas. O que Cecília conhecia de Marcelo era apenas pelas informações via *chat*: "Sou moreno, alto, formado em Administração, sou simpático e alegre, gosto de viajar e praticar esportes, tenho uma vida equilibrada, sou uma pessoa de fácil relacionamento, tenho estabilidade financeira e procuro uma relação duradoura que possa culminar em casamento, uma vez que constituir família é o meu maior sonho atual". Após gastar o seu teclado a ponto de apagar as letras, Cecília sentiu o já conhecido "amor cego". Trocaram fotos. Cecília achou que Marcelo não era um modelo de homem bonito, mas não era do tipo de se jogar fora. Passaram a se encontrar regularmente, iniciando um namoro que, em poucos meses, se converteu em noivado e, por fim, casamento. Cecília não acreditava que iria se casar. Suas amigas mais próximas, idem! Sua mãe, já viúva, de pronto não foi com a cara de Marcelo. Coração de mãe tem razões que a própria razão desconhece. A viagem de lua de mel foi integralmente custeada por Cecília, uma vez que Marcelo alegou estar com suas economias investidas a prazo certo. Mas tudo corria às mil maravilhas. Cecília voltara para sua rotina de acordar cedo e ir trabalhar, deixando Marcelo dormindo aos roncos na cama. Ele nem notava a saída de Cecília. Poucos dias depois, Marcelo começou a tomar pequenos empréstimos com Cecília: "Meu bem! Você tem R$ 100,00? Estou sem nada na carteira. O pessoal está atrasado para pagar minhas comissões". No começo as solicitações eram feitas de forma gentil; algum tempo depois, porém, de forma rude e mandatória. Cecília não percebia esforço de Marcelo para arrumar um emprego fixo que pudesse, ao menos, sustentá-lo. Ele levantava tarde, ia para a academia paga por Cecília, percorria os bares à procura de seus amigos para longas conversas e refrescantes cervejas. Nada de trabalho, nada de dinheiro. Com o tempo, Cecília chegou à conclusão de que se casara com um folgado. Quando ela começou a exigir que Marcelo arrumasse um emprego e colaborasse com as despesas da casa, o relacionamento entrou em crise grave. E, infelizmente, entre tapas constantes na cara e nada de beijos, Cecília resolveu sair de casa e procurar o colo de sua profética mãe. Colocar um fim nesse casamento não foi nada fácil. Marcelo a ameaçou de morte, a perseguia na rua com constantes ameaças, o que a levou à Delegacia da Mulher para prestar queixas contra ele. Somente com a intervenção de dois irmãos, que encararam Marcelo de frente, foi que Cecília conseguiu se afastar do folgado. E, quase à beira de uma tragédia, Cecília percebeu que trocara sua solteirice balzaquiana por um "amor cego" inconsequente e perigoso. Até hoje ela procura refazer-se deste trauma, que continua afetando suas relações amorosas pelo grau de desconfiança que passou a ter dos outros pretendentes.

Caso 7

Adriana, uma moça de 28 anos, tipo da mulher padrão em termos de atributos físicos e educacionais. Enfermeira, com especialização em cuidar de idosos. Ela se interessou por essa nobre especialidade após cuidar de sua mãe, vítima do mal de Parkinson, por longos dez anos. Seu salário era realmente compensador. Afinal de contas, ela cuidava de uma senhora de família muito rica, acometida de derrame cerebral. Seus filhos, igualmente ricos, gostavam muito de Adriana, e procuravam demonstrar isso com carinho e um salário acima da média. Ricardo, motorista de táxi, igualmente solteiro, estava com 25 anos. Bem falante, sociável, relaxado, divertido, encontrou-se com Adriana em uma de suas corridas de táxi. Conversador, não levou muito tempo para saber detalhes da vida de Adriana e atrair sua atenção. Nessa mesma corrida, os dois trocaram telefones para futuros encontros. Adriana acendera a chama do amor. Ela estava sem namorar há alguns anos, dedicada que estava a cuidar de sua paciente idosa. Ricardo, no entanto, era daqueles motoristas que trabalhavam o suficiente para seus objetivos diários. Quando alcançava certa quantia, preferia parar seu táxi e reunir-se com amigos para uma boa cerveja e jogo de baralho no bar da esquina onde morava com seus pais. Ele era gentil e atencioso e não era um homem violento. Não foram necessários muitos encontros entre os dois para Adriana se apaixonar cegamente por Ricardo. Ele, por sua vez, via em Adriana uma boa companheira e uma pessoa que podia ser uma boa esposa. Os pais de Ricardo adoraram a ideia de seu casamento. Afinal de contas, se preocupavam com seu hábito crescente de beber e jogar com os amigos até de madrugada, principalmente aos finais de semana. Adriana procurava conversar com dona Lola, sua paciente, sobre seu encantamento por Ricardo. Dona Lola ouvia com atenção, apesar de suas dificuldades, e se manifestava com sinais e expressões sua alegria e apoio a esse sonho de amor de sua querida cuidadora. Adriana se casou com Ricardo após um namoro de seis meses. Tempo suficiente para alugarem uma modesta casa e equipá-la com móveis e aparelhos domésticos. Tudo ia muito bem. Adriana era outra mulher. Sentia-se realizada e feliz. Havia finalmente encontrado o seu verdadeiro amor. Mas Ricardo não sossegou até começar a administrar as finanças de Adriana. Conseguiu convencê-la a abrir conta conjunta no banco, e, com frequência, pedia o seu cartão de crédito. À medida que sentia a facilidade do dinheiro de Adriana, Ricardo encostava seu táxi e fazia o que mais gostava – beber cerveja e jogar baralho. Esse seu vício foi aumentando cada vez mais. Os jogos passaram a ser feitos com apostas em dinheiro e não se limitavam mais ao baralho. Ricardo escalou para bingos, corrida de cavalo, além de comprar todo o tipo de bilhetes de loteria. Ficou realmente viciado em jogos. A perda constante nas apostas, porém, levava Ricardo a beber cada vez mais. Adriana não tinha a menor ideia do que acontecia com os seus saldos e compromissos bancários. Afinal de contas, acreditava e confiava em seu marido. E isso se prolongou até o dia em que foi chamada pelo banco para prestar conta de alguns empréstimos feitos sem cobertura de saldo para pagar as prestações, isso sem falar no estouro de seu cartão de crédito. E foi aí que o sonho de amor de Adriana começou a ruir. Ela já tinha percebido que Ricardo trabalhava pouco com o táxi e que não trazia dinheiro para casa. E não eram raras as noites em que ela dormia tendo que suportar o cheiro de álcool que se misturava ao seu intenso suor.

Bem, o final dessa história todos já podem imaginar... Adriana se separou de Ricardo. E até hoje ela gasta boa parte de seu salário para pagar as dívidas deixadas em seu nome pelo ex-marido. Ele? Voltou a fazer as corridas de táxi e a gastar o pouco que ganha em bebidas e jogos de azar. O "amor cego" de Adriana por Ricardo não a fez ter a paciência suficiente para conhecê-lo melhor, precipitando-se num casamento que não deu certo, após seis meses de namoro.

Caso 8

Helena era jovem, virgem, de excelente família. Tinha pouca experiência com namorados, boa educação formal, era bonita e elegante. Francisco era divorciado, com dois filhos do casamento anterior. Ambos se conheceram em uma academia de ginástica onde ela praticava seus exercícios e cuidava de seu corpo e saúde. Esse encontro se repetiu somente duas vezes. Ele construía sites empresariais na internet e estava lá obtendo dados e fotos para atender a um pedido do dono da academia. A paixão de Helena por Francisco foi fulminante. O "amor cego" prevaleceu. O entusiasmo com que Helena se referia a Francisco era de uma jovem perdida e cegamente apaixonada. Não faltavam pretendentes para Helena. Um deles era César, um jovem que toda mãe gostaria de ter como genro. Mas não Helena. Ela se referia ao seu curto relacionamento com ele como "namoro com um bom garoto" e desistiu para iniciar o namoro com Francisco. César continuou seus estudos na área de informática, e, com o tempo, cresceu profissionalmente, tornando-se diretor de sistemas de um grande banco. Ele levou guardado em seu coração seu amor frustrado por Helena. Se o namoro com César era com "um bom garoto", no caso de Francisco era uma alegria só. E ela se empolgava e desabafava com a mãe: "Mãe, conheci um rapaz lindo! Sabe aquele homem com cara de artista?". Assim, em poucos meses de namoro, ela estava se entregando a ele, precipitando o seu casamento. E isso sem saber praticamente nada a seu respeito. A lua de mel, como era de se esperar, durou pouco. O tempo mostrou sérios equívocos na escolha de Helena. Francisco revelou-se um homem ciumento e orgulhoso, de baixo nível cultural e social, alcoólatra, com históricos de violência contra sua ex-esposa. Do casamento de Helena com ele, nasceram três filhos, os quais tiveram uma educação trágica, assistindo todos os dias às brigas entre o casal, em meio a gritarias e ofensas com palavras de baixo calão. E isso afetou definitivamente a formação do caráter e personalidade das crianças. Francisco, frustrado com o progresso de Helena e um relativo fracasso na empresa de desenvolvimento de sites, tornou-se irônico e deixou seu orgulho contaminar os filhos. Ele não aceitava que a esposa ganhasse mais que ele, e Helena tornara-se o arrimo da família. Ela passou a ter o seu calvário em vida, com muitos sofrimentos, vendo seus filhos se dividirem pela contaminação moral do pai, sendo agredida verbalmente. Ela aguentou isso tudo até que um dia as agressões passaram a ser físicas. Aí, sim, foi a gota d'água, e ela teve a coragem de pedir o divórcio após 12 anos de um sofrido casamento. Seus filhos frequentavam sessões com psicólogos para tentar controlar o excesso de timidez e insegurança, graças à rebeldia e às manifestações de violência, principalmente verbais – fruto do que seus pequeninos cérebros registraram do convívio tempestuoso entre seus pais.

Caso 9

Albertina, uma jovem ambiciosa, de origem humilde. Ele, José Roberto, "filhinho de papai", de família muito rica, filho único.

Albertina queria sair de sua situação e vida simples e arrumar um "bom partido". E "bom partido" para ela era alguém com muito dinheiro. Assim, a condição para ela se interessar por casamento em sua tenra idade era o homem ser rico e dar-lhe todo o conforto que nunca tivera na vida. Albertina conheceu José Roberto em uma concentração de jovens que bebiam num posto de gasolina na esquina de um bairro de classe média, próximo à periferia em que ela morava. Apesar de não ser o lugar ideal para ela encontrar um homem rico que, um dia, pudesse ser seu marido, Albertina logo ficou sabendo que José Roberto era filho único de uma família muito rica. E ele deixava isso bem evidente. Estava sentado em seu carro importado com as portas abertas, mostrando a potência de seu som. Ao redor, seus amigos, todos com cervejas e outras bebidas, dançando e rindo, fazendo a festa em plena avenida, atrapalhando o trânsito. Albertina era uma jovem excepcionalmente linda e bem-feita de corpo. Ela sabia que todo esse material deveria ter um bom valor nas paqueras. José Roberto já estava com 32 anos. Albertina se aproximou do grupo e começou a dançar sensualmente, esforçando-se para beber um copo de cerveja (seus pais nunca permitiram que ela bebesse). E não demorou muito tempo para José Roberto perceber a presença daquela jovem vestindo um jeans superjusto e uma blusa sensual que mostrava a exuberância de seus seios. Ele imediatamente ficou de olho em Albertina, que já jogava um ar de interesse para cima dele. Saindo do carro, com um copo de uísque na mão levantada para o alto, José Roberto se dirigiu a Albertina, dançando e se insinuando. Os dois dançaram até de madrugada, quando a polícia chegou e acabou com a festa por excesso de barulho e reclamações da vizinhança. Albertina se apaixonou cegamente por aquele homem naquela mesma noite – claro, ainda mais sabendo que ele tinha muito dinheiro. José Roberto, mais maduro, também estava encantado de ter uma jovem de apenas 18 anos como namorada. O namoro dos dois foi prontamente aceito pelos pais de José Roberto, mas não pelos pais de Albertina, principalmente por sua mãe, que nada pôde fazer. Albertina casou com José Roberto, poucos meses depois. Os pais dele compraram um luxuoso apartamento de andar inteiro, que o mobiliaram com todo o conforto. Albertina estava realizada e feliz. E sua lua de mel, nas ilhas gregas, coroara o seu sucesso e seu acerto no casamento. Os pais de José Roberto incentivaram muito o seu casamento. Era uma forma de tentar trazer seu único filho a um mundo de responsabilidade, uma vez que José Roberto nunca aprendera a conjugar o verbo trabalhar. Com carro próprio só seu, cartão de crédito para gastos a bom nível, Albertina tornara-se da noite para o dia uma madame. Quanta felicidade! Mas essa boa fase acabou em menos de três meses. José Roberto voltou às baladas no posto de gasolina da esquina e à sua vida de liberdade de solteiro. Albertina esperava, aflita, seu retorno de madrugada, em seu luxuoso e confortável apartamento. Foi em uma dessas noites que ela começou a experimentar um lado de José Roberto que até então desconhecia. Ao chamar a atenção do marido por seu comportamento, por chegar bêbado em casa e esquecer-se de seus compromissos como homem casado, Albertina recebeu, sem mais nem menos, um tapa na cara que a jogou no chão. José Roberto mostrara ser um homem desequilibrado e violento. Albertina ficou em estado de choque, não esperava por essa reação de José Roberto. Guardou essa violência para si e nem comentou com sua mãe para não aborrecê-la. Entretanto, os episódios de violência se repetiam todas as vezes que José Roberto era contrariado de alguma forma, mesmo não estando bêbado. Ora por uma comida que ele julgava malfeita, ora por um desejo sexual não atendido por ela. A mãe de Albertina começou a perceber marcas em seu rosto e, apesar das desculpas alegando serem decorrentes de pequenos acidentes domésticos, seu coração de mãe não se enganou. Por fim, Albertina revelou à sua mãe os maus-tratos de José Roberto. Sem envolver seu marido, a mãe de Albertina procurou José Roberto para obter satisfações, mesmo sem o conhecimento de Albertina. E a reação de violência dele foi igual, esbravejando que "a encheria de porrada" se ela voltasse para "encher o saco". Depois de muito apanhar e registrar queixas na Delegacia da Mulher, Albertina pediu a separação. Ela se casara sob o regime de separação total de bens. José Roberto não tinha um emprego, vivia à custa do pai. O processo de pensão está se arrastando, e seu advogado tenta mandar a conta da pensão alimentícia para os pais de José Roberto, sem sucesso. E assim termina o sonho de nossa pobre Albertina de se tornar a esposa de um homem rico.

Caso 10

No consultório médico, dona Ivone falava com outra senhora que também ali estava à espera de atendimento: "É seu neto? Ele é esperto, não? É um lindo garoto!". Na verdade, Tiago estava é fazendo a maior bagunça no consultório médico, e dona Ivone, gentilmente, tentava chamar a atenção da senhora Marina para o seu neto. O garoto "esperto" não deixava a cortina em paz, enchia o copo com água e despejava-o no chão logo em seguida, além de espalhar as revistas por todos os cantos. Dona Marina entendeu o recado e procurou se desculpar: "Sabe, os avós não têm muita autoridade sobre os netos. Minha filha trabalha fora e deixa o Tiago conosco. Ela está separada e temos que ajudá-la a cuidar do Tiago!". A conversa se estendeu, e o caso de Tatiana, filha da dona Marina, ficou esclarecido. Tatiana era uma jovem de 16 anos, muito linda e sonhadora. Filha única de um casal de classe média, Tatiana estudava e planejava ser fisioterapeuta. Mimada, tinha todo o conforto em casa. Ela adorava motos e adorava motoqueiros, principalmente aqueles com motos superpotentes que andam nas rodovias a mais de 180 km por hora. Ela os achava corajosos e aventureiros por excelência e, apesar de ser menor de idade, ganhou uma moto de seus pais. Tatiana conheceu Cássio em um dos encontros de motoqueiros. Cássio era forte e parecia mais forte e másculo ainda com as roupas caras apropriadas de motoqueiro de motos potentes. Ele tinha 28 anos e era solteiro. Seus cabelos negros e compridos ultrapassavam os limites do capacete de segurança, dando-lhe um charme de artista de cinema, como dizia Tatiana. E não demorou muito até os dois começarem um tórrido namoro. Para desespero de seus pais, Tatiana passou a frequentar o apartamento em que Cássio morava sozinho e lá ficava até tarde da noite. Era o típico namoro de "ficar", mas com todas as vantagens que uma mulher casada dá ao seu marido. Assim, durante a semana, Tatiana ia duas ou três vezes e ficava com Cássio em seu apartamento. Esse namoro durou dois anos. Tatiana entrara na faculdade de fisioterapia e já não podia encontrar Cássio com a mesma frequência, então, passaram a se ver apenas aos finais de semana. Entretanto, Cássio nunca reconheceu uma situação estável com Tatiana e muito menos tinha planos de se casar com ela. Ainda assim, Tatiana se considerava casada e era dessa maneira que se apresentava às suas amigas e colegas da faculdade. Com a ausência maior de Tatiana, Cássio passou a ter outras namoradas, outras "ficantes". Ele nunca aceitou um convite sequer para visitar os pais de Tatiana e conhecê-los. Ele realmente não queria compromisso sério. Porém, Tatiana engravidou de Cássio e, em uma das noites, faltou à aula e foi à sua procura no apartamento para dar-lhe a boa nova. Tatiana foi recebida por outra moça, que se apresentou como namorada de Cássio. Ele estava no banho. Tatiana estava chocada e não sabia o que fazer. Mas, criando coragem, disse à moça que atendeu à porta: "Como assim, *namorada*? Eu estou com o Cássio há mais de dois anos e espero um filho dele!". Antes, porém, que a moça pudesse responder qualquer coisa, Cássio apareceu e, bravo com Tatiana, foi logo gritando: "O que *você* está fazendo aqui? Aparece do nada, sem avisar... O que está pensando, hein?". Logo, os palavrões rolaram soltos entre Tatiana e Cássio, sob o olhar assustado de Suzie, "a outra". Cássio, gritando, disse a Tatiana que não tinha essa de compromisso, muito menos casamento. Ele tinha o direito de namorar quem quisesse. Quando soube que Tatiana estava grávida, ele ficou ainda mais irritado: "Isso é um problema seu! Quem mandou você não se cuidar?". Depois dessas palavras, Tatiana, antes que ele percebesse que ia começar a chorar, saiu correndo dali, jurando nunca mais voltar. Chovia muito naquela noite. Tatiana pegou sua moto e, sem parar mais de chorar, tinha vontade de sumir, de tão desesperada. Ela nunca imaginara ouvir coisas assim do homem pelo qual tinha um "amor cego". No caminho, a moto de Tatiana derrapou e ela sofreu pequenos ferimentos. Ainda aos prantos, ligou para seu pai, que foi em seu socorro na rodovia escura e perigosa onde ela estava. Tatiana teve uma amarga lição. Cássio nunca assumiu o filho, tampouco os pais de Tatiana fizeram questão disso. Hoje ela está prestes a se formar e desinteressou-se por novos namoros. Dona Marina e seu marido ganharam um filho-neto para sustentar e criar. O menino que, no consultório, demonstrava toda a sua energia. Cássio comprou uma moto mais linda e mais potente e continuou a mais de 180 km por hora nas rodovias em busca de novas aventuras. Ele nunca se interessou em conhecer seu filho.

Os casos descritos demonstram com frustrante realidade como os casamentos com base na "paixão cega" e no "amor cego", sem análises de racionalidade, podem se tornar um verdadeiro calvário e se constituir em grandes motivos de sofrimento, anulações, desesperanças, ameaças, sacrifícios, desorganização da família, berço medíocre para educação de filhos e tantos outros males, afetando, em especial, a romântica e bem-intencionada mulher! Os casamentos assim decididos ficam no campo aleatório das probabilidades, ou seja, podem dar certo ou não. "O casamento da Angélica deu certo... já o da Amélia, não!".

E o noticiário dos jornais e da televisão transmite diariamente dezenas de casos de violências e assassinatos de mulheres por homens que certamente já eram violentos e assassinos potenciais antes mesmo do casamento. Mas elas não deram a devida atenção para isso, não analisaram, não pesquisaram, não tomaram referências, não deram tempo para que a verdadeira personalidade deles viesse à tona. Foram vítimas do amor precipitado e cego. Portanto, queridas amigas, vamos colocar mais racionalidade nessa importante decisão de vida? Naturalmente, mesmo os casamentos decididos com os níveis ideais de racionalidade podem não dar certo. Mas eu não tenho dúvida de que, estatisticamente, são em número significativamente inferior e se apresentam com dissoluções menos traumáticas e mais racionais. Não é de admirar que casamentos assim, mesmo na dissolução, costumam gerar dois grandes amigos.

A seguir, apresento as técnicas que as empresas aplicam para selecionar e reter um profissional. Essas técnicas são perfeitamente aplicáveis a seleção e retenção de um marido, e você pode adotá-las na certeza de que estará imprimindo uma racionalidade à sua decisão na hora do "sim". Avalie essa sugestão com o carinho que ela merece. A "seleção" de um marido é talvez a ação mais importante de toda a sua vida. Não deixe que o "amor cego" ou a "paixão cega" seja a melhor orientação para sua decisão ao aceitar um homem como seu marido.

III

TÉCNICAS EFICAZES DE RH PARA SELECIONAR E SEGURAR MARIDO

Passo 1 – Identificação da necessidade

Foco profissional: Uma empresa identifica sua necessidade de contratar um funcionário com base em seu planejamento estratégico, plano de expansão, melhoria da qualidade e produtividade, aumento da produção, ampliação da participação no mercado, inovações tecnológicas e muitos outros objetivos empresariais. Assim, decide que há a necessidade de contratar um ou mais funcionários para ver seus objetivos empresariais atingidos, em especial a obtenção e aumento do lucro, melhor competitividade e melhor qualidade de produtos e serviços. Ela sabe muito bem quais resultados espera do novo colaborador que será contratado. Não há uma empresa sequer que eu conheça que contrate um funcionário sem uma análise rigorosa da necessidade! A empresa é uma entidade econômica, medida principalmente pelo retorno que dá aos seus acionistas através do lucro de suas operações.

Foco marido: E você? Como identificou a necessidade de arrumar um marido? Cansou-se da liberdade de viajar quando e para onde quiser? Cansou-se da facilidade de programar encontros sociais com amigos? Não quer mais a flexibilidade de simplesmente deixar tudo de lado e seguir para uma aventura muito bem acompanhada? Cansou-se da rotina em sua vida na qual você come um rápido lanche, compra algumas peças de roupas e tem agenda livre e uma mala pronta para sair a qualquer momento que surgir algo interessante? Cansou-se de dormir com suas roupas espalhadas pelo quarto curtindo o prazer de não ter compromissos domésticos? Ou está preferindo dividir seu espaço com um homem e ter inúmeros afazeres com filhos gritando, brigando, correndo pela casa, solicitando sua atenção o tempo todo, precisando de alimentação, roupas limpas e "motorista" para levá-los à escola, ao clube, ao shopping? Enfim, você está preparada para manter somente 25% do seu "ser" original, destinando 25% ao seu marido e 50% aos seus filhos? Ah! Você está sonhando em ter uma família? Agora sim! Você acha que é chegado o momento de levar uma vida de maior responsabilidade, tendo um homem ao seu lado que a proteja e seja seu cúmplice e parceiro e, juntos, tenham filhos para perpetuarem seu sangue e seu nome, construindo uma família feliz? Quer ter a alegria de ser mãe e ter uma vida toda para dividir seus sonhos com os sonhos de seus pimpolhos? Está disposta a abrir mão de parte de "sua maneira de ser" para dividir seu espaço com um homem e reconhecer que ele também tem "a sua maneira de ser"? Enfim, você está disposta a somar os 25% que restaram do seu "ser" original aos 25% do seu marido e os 50% dos seus filhos, integrando os 100% de "um novo ser"? Bem, então você está confirmando a necessidade de arrumar um marido!

Passo 2 – Determinando os requisitos e as competências que os candidatos devem preencher para se habilitarem à contratação

Foco profissional: A empresa sabe muito bem o que espera do novo funcionário. Assim, prepara-se para fazer um processo de seleção que tem rigor maior ou menor, à proporção da importância estratégica do cargo e do nível hierárquico que ocupará na empresa. Assim, define os requisitos e as competências, utilizando-se de um Mapa de Competências. O departamento requisitante propõe de 10 a 15 competências (ou até mais, em se tratando de cargo gerencial ou de diretoria) selecionadas entre as dezenas de opções oferecidas pelo Mapa de Competências. Veja um exemplo a seguir.

Mapa de Competências

Orientado para ação e resultados
Gosta de trabalhar intensamente. É orientado para ação e enfrenta os desafios com muita energia. Não teme atuar com um mínimo de planejamento. Aproveita bem

as oportunidades que se apresentam. Sempre superará as metas com êxito. Sempre está entre as pessoas mais destacadas. Mantém-se concentrado nos objetivos a alcançar. Constantemente obtém bons resultados de si mesmo e dos demais. Aceita e assume responsabilidades. Não foge às responsabilidades. Pode-se contar com ele em situações delicadas. Não teme ser a única pessoa a se atrever a defender uma ideia ou assumir um cargo. Sente-se à vontade trabalhando só em uma tarefa difícil.

Lidando com situações ambíguas ou conflitantes

É capaz de enfrentar as mudanças de forma eficaz. Pode adaptar-se sem problemas. Pode tomar decisões e atuar sem contar com toda a informação. Não se altera diante de situações pouco concretas. Não necessita concluir uma tarefa para seguir adiante. Pode controlar as situações de risco e incertezas. Enfrenta as situações conflitantes, pois as considera como oportunidades. Compreende as pessoas rapidamente. Escuta os demais com atenção. Pode alcançar acordos difíceis e solucionar discrepâncias de forma equitativa. Pode encontrar pontos em comum e obter cooperação com discrição.

Sociabilidade

É uma pessoa acessível com quem se pode entabular facilmente uma conversação. Faz todo o possível para que os demais se sintam bem. Pode ser afetuoso, agradável e divertido. Compreende e é paciente com aquelas pessoas com as quais lhe custa interagir socialmente. Cria ambientes harmoniosos com facilidade. Sabe escutar. É perspicaz e obtém informações informais e incompletas a tempo para solucionar problemas.

Relações com seu chefe

Responde bem aos seus superiores e se relaciona igualmente com eles. Trabalha mais intensamente se estiver sob ordens de um bom chefe. Está disposto a aprender de chefes que sabem ensinar e que dão liberdade de ação. Gosta de aprender de quem tem experiência. Aceita desafios e oportunidades de desenvolvimento. É um bom aprendiz.

Tino comercial
Sabe como funcionam os negócios. Tem conhecimento sobre políticas, práticas, tendências e informações atuais e futuras que afetam a empresa e a organização. Conhece a concorrência. Está a par das estratégias e táticas do mercado. Esforça-se para cumprir as expectativas e satisfazer as necessidades dos clientes internos e externos. Obtém informação dos mesmos clientes e as utiliza para melhorar os produtos e serviços. Fala e toma decisões pensando nos clientes. Estabelece e mantém boas relações com os clientes e consegue que eles lhe tenham confiança e respeito.

Ambição profissional
Sabe o que deseja de sua carreira e trabalha ativamente para consegui-lo. É especialista em seu campo de atividade. Atinge seus objetivos. Trabalha bem a sua imagem em busca de oportunidades. Toma iniciativas para conseguir oportunidades.

Atenção com subordinados diretos
Interessa-se pela vida pessoal e profissional dos seus subordinados diretos. Pergunta sobre seus planos, problemas e ambições. Conhece suas preocupações e dúvidas. Está disposto a escutar seus problemas pessoais. Distribui equitativamente o trabalho e recompensa o esforço adicional.

Confiança com os superiores
Pode relacionar-se com seus superiores sem problemas. Pode apresentar notícias negativas para seus superiores sem que produza tensão ou nervosismo. Sabe como os executivos pensam e trabalham. Pode determinar como fazer as coisas ao gosto de seus superiores, uma vez que sabe como comunicar-se com eles e conhece suas necessidades. Tem tato para relacionar-se com seus superiores de forma adequada e positiva.

Habilidades de comando
Gosta de dirigir. Se for necessário, toma decisões que contam com apoio escasso. Estimula discussões difíceis

e diretas, mas não teme dá-las por terminadas e seguir adiante. Pedem conselhos a ele em época de crises. Enfrenta as adversidades com firmeza e tenacidade. Sente-se estimulado por desafios difíceis. Sabe como estabelecer diretrizes claras. Fixa objetivos ambiciosos. Distribui adequadamente o trabalho. Apresenta as tarefas a serem realizadas de uma maneira planificada e organizada. Mantém um diálogo recíproco sobre suas tarefas e os resultados obtidos. Faz com que as pessoas realizem seu trabalho da melhor maneira possível. Trata os seus subordinados com igualdade. Atua de forma justa. Incentiva um diálogo aberto e honesto. Atua com transparência.

Solidariedade e serenidade

Preocupa-se sinceramente com as pessoas. Interessa-se pelos seus problemas pessoais e profissionais. Está disposto e pronto a ajudar. Solidariza-se com problemas dos menos afortunados. Solidariza-se com os sofrimentos e alegrias do próximo. Não perde o controle quando se encontra sob pressão. Não se põe na defensiva nem se torna irritado diante de situações difíceis. Considera-se uma pessoa madura. Pode-se confiar nela porque mantém a calma em situações difíceis. Pode controlar o estresse. Não perde o controle nem demonstra frustração quando enfrenta opiniões contrárias às suas. Demonstra tranquilidade em períodos de crises.

Enfrentando os subordinados diretos

Enfrenta os subordinados em conflito com firmeza e de forma oportuna. Resolve os problemas antes que se agravem. Constantemente revisa o rendimento dos demais e conversa oportunamente sobre os problemas. Pode tomar decisões drásticas a respeito dos subordinados quando todos os esforços anteriores falharam. Ocupa-se das pessoas problemáticas de forma eficaz.

Criatividade e inovação

Ocorrem-lhe muitas ideias novas e originais. Pode relacionar conceitos aparentemente não conexos. Geralmente se considera uma pessoa original e é valorizado quando necessitam de novas ideias. Sabe como pôr em prática as ideias criativas dos demais. Sabe distinguir as ideias criativas e sugestões que darão resultado. Sabe como gerenciar o processo criativo dos demais. Sabe como estimular a proposta de novas ideias. Sabe determinar o modo como as ideias propostas afetarão o mercado.

Tomada de decisões

Toma decisões difíceis de maneira adequada, às vezes sem a informação completa, quando sob grande pressão e prazos rígidos. Pode tomar decisões rápidas; predisposição para a ação. Toma decisões acertadas (sem se importar com quanto tempo pode levar). Para isso, analisa a situação utilizando uma mistura de análises, experiência e bom julgamento. A maioria de suas soluções e sugestões resulta ser acertada e precisa com o transcorrer do tempo. Os demais recorrem a ele para pedir conselhos e soluções.

Delegação de responsabilidades

Delega tarefas e decisões importantes e de rotina sem problemas. Compartilha plenamente a responsabilidade de tomar decisões e de enfrentar as consequências. Tende a crer na capacidade dos demais. Deixa que seus subordinados finalizem seu próprio trabalho.

Desenvolvimento dos subordinados

Delega trabalhos e tarefas difíceis e desafiadoras e de grande exigência. Mantém reuniões regulares para analisar o progresso individual das pessoas. Conhece as ambições profissionais de cada um de seus subordinados diretos. Elabora planos de progresso atrativos e os leva adiante. Incentiva seus subordinados para que aceitem oportunidades de progresso. Contrata subordinados que assumem o seu trabalho. Traz para a empresa os melhores profissionais. Sabe formar as pessoas. Sabe identificar as pessoas com talento. Contrata a melhor pessoa dentro ou fora da empresa. Não teme contratar pessoas com caráter forte. Sabe estabelecer equipes com talento.

Gerenciando a diversidade

Gerencia de maneira justa todas as pessoas de diferentes condições e classes sociais. Dá-se bem com pessoas de todas as raças, nacionalidades, culturas e idades, assim como com as pessoas deficientes e de ambos os sexos. Contrata diferentes tipos de pessoas sem se importar com sua classe social. Apoia um tratamento justo e igual e dá oportunidade para todos.

Ética e valores

Orienta-se por um conjunto eficaz e apropriado (segundo o estabelecido) de valores e crenças fundamentais tanto em situações favoráveis como adversas. Age de acordo com esses valores. Incentiva os valores corretos e desaprova os incorretos. Põe em prática suas crenças.

Temperamento

Tem um senso de humor positivo e construtivo. Pode rir de seus próprios defeitos e compartilhar isso com os demais. Demonstra senso de humor de forma adequada e recorre a ele para liberar suas tensões.

Capacidade de comunicação oral e escrita

Fornece as informações de que as pessoas necessitam para desempenhar seu trabalho e para que se sintam bem como membros da equipe, da unidade e/ou da organização. Fornece informações individuais para que os demais possam tomar decisões acertadas. Fornece informações de maneira adequada. É capaz de escrever de maneira clara e concisa em diferentes contextos e estilos de comunicação. Pode comunicar mensagens que venham a produzir o efeito desejado.

Integridade e confiança

As pessoas confiam nele. Consideram-no uma pessoa direta e honesta. Pode dizer a verdade diretamente de forma adequada e construtiva. É discreto. Admite os erros sem culpar os outros. Não finge para obter benefícios pessoais.

Capacidade intelectual

É brilhante e inteligente. Gerencia conceitos e situações complexas sem problemas. Descreve-se como uma pessoa perspicaz, capaz e ágil.

Relacionamento interpessoal

Relaciona-se bem com todo o tipo de pessoa, sejam superiores, subordinados, pertencentes ou não à organização. Cria ambientes harmoniosos. Estabelece relações interpessoais construtivas e efetivas. Usa a diplomacia e o tato. Pode aliviar, com facilidade, um ambiente muito tenso.

Aprendizagem pessoal

Aprende rapidamente quando se defronta com situações novas. É um aprendiz voraz e versátil. Aberto às mudanças. Analisa os êxitos e fracassos em busca de aspectos-chave que o ajudem a melhorar. Está disposto a tentar soluções novas para resolver um problema. Gosta do desafio de levar em frente novas tarefas. Capta imediatamente os aspectos essenciais e implícitos de qualquer situação. Dá-se conta rapidamente quando deve mudar sua conduta pessoal, interpessoal e administrativa. Observa os outros para conhecer suas reações frente à sua maneira de proceder e às suas tentativas de exercer influência e se adapta a isso. Busca informação. Muda segundo os requisitos e demandas que as novas situações e pessoas lhe impõem.

Capacidade para ouvir

Sabe como ouvir atenta e ativamente. Escuta com paciência as pessoas até o final. Pode repetir exatamente as opiniões das pessoas, ainda que não esteja de acordo com elas.

Direção e evolução do trabalho

Designa claramente a responsabilidade de efetuar tarefas e de tomar decisões. Estabelece objetivos e medidas claras. Supervisiona o processo, o progresso e os resultados do trabalho. Elabora mecanismos de avaliação. Entrega as avaliações adequadamente. Diz tudo que crê que deve ser dito. Fornece informação atual, direta, corretiva, positiva e "que conduz à ação". Sempre faz com que as pessoas saibam qual é seu lugar. Gerencia de maneira rápida e direta os problemas relacionados com qualquer pessoa ou situação. Não teme levar adiante ações corretivas, se necessário.

Motivação dos subordinados e outras pessoas
Cria um clima que incentiva os demais a fazer seu trabalho da melhor maneira possível. Motiva os diversos níveis de subordinados e integrantes de equipes ou projetos. Determina o que motiva cada pessoa e usa isso para obter o máximo dela própria. Facilita as tarefas e a tomada de decisões. Delega autoridade aos demais. Pede sugestões a cada um e os faz sentir que são parte da equipe. Faz com que sintam que o trabalho que realizam é importante. É agradável trabalhar com ele e para ele.

Negociação
É muito hábil para levar até o fim as negociações com grupos pertencentes ou não à organização em situações difíceis. É capaz de solucionar as divergências discretamente. Pode obter concessões sem prejudicar os relacionamentos. Pode ser direto, enérgico e diplomático de acordo com a situação. Obtém rapidamente a confiança dos demais participantes da negociação. Sempre sabe quando é o momento oportuno de fazer as coisas.

Gerenciamento de organizações
Está bem informado sobre o funcionamento das organizações. Sabe obter resultados tanto por via formal como por via informal. Entende a origem e as razões por trás das políticas, práticas e procedimentos. Conhece a natureza das organizações.

Gerenciamento de situações contraditórias
Pode assumir atitudes que parecem ser contraditórias. Sabe ser flexível e adaptar-se às situações difíceis. Sabe como combinar atitudes aparentemente opostas, como a severidade e a compaixão. Sabe seguir e também liderar as

pessoas. Sabe incorporar seu individualismo no trabalho de equipe. É capaz de comportar-se de maneira diferente de acordo com a situação. É visto como uma pessoa equilibrada, apesar dos conflitos oriundos da situação.

Paciência
É tolerante com os demais, assim como com os procedimentos. Ouve e verifica antes de agir. Esforça-se para entender as pessoas e a informação antes de julgar e agir. Implementa bem mudanças. Espera que todos tenham entendido antes de prosseguir. Sensível quanto ao processo requerido e o ritmo de trabalho apropriado. Segue os procedimentos estabelecidos.

Relacionamento com os colegas
Pode encontrar facilmente pontos em comum e resolver os problemas para o bem de todos. Pode representar seus próprios interesses e ainda assim ser justo com os outros grupos. É capaz de resolver com discrição as divergências com seus colegas. É visto como um membro leal da equipe e é cooperador. Obtém facilmente a confiança e o apoio de seus colegas. Promove a colaboração. Pode ser franco com seus colegas.

Perseverança
Faz com energia tudo que leva adiante, com esforço e desejo de terminar o que começou. Raras vezes deixa um trabalho sem terminar, especialmente quando surgem problemas e dificuldades.

Aberto para os demais
Divide sua opinião sobre suas capacidades, fraquezas e limitações pessoais. Admite seus erros e defeitos. Manifesta quais são suas crenças e sentimentos. Quem interage com ele de forma regular pode chegar a conhecê-lo facilmente.

Perspectiva/Leque de interesses
Examina todas as possibilidades de um assunto ou desafio. Tem múltiplos interesses e metas, tanto pessoais como

profissionais. Pode vislumbrar facilmente condições futuras. É capaz de pensar de forma global. Pode analisar os vários aspectos e efeitos de um assunto e projetá-los a longo prazo.

Planejamento e organização

Determina com exatidão a duração e a dificuldade de tarefas e projetos. Estabelece objetivos e metas. Detalha o trabalho em todos os passos do processo. Elabora cronograma e tarefas. Prevê os problemas e as dificuldades e se prepara para enfrentá-los. Mede o rendimento segundo as metas. Avalia os resultados. Pode dirigir os recursos (pessoal, fundos, material, ajuda) para realizar o trabalho. É capaz de dirigir atividades múltiplas ao mesmo tempo para alcançar o objetivo proposto. Utiliza os recursos de maneira eficaz e eficiente. Ordena a informação e a organiza de forma útil.

Habilidade política

É capaz de desenvolver-se em situações politicamente complexas de forma eficaz e com discrição. Sabe como atuam as pessoas e as organizações. Prevê as armadilhas do caminho e planeja a melhor rota a seguir. Considera a política empresarial como um elemento necessário da vida das organizações e se esforça por adaptar-se a essa realidade. Tem grande capacidade para sair de situações difíceis.

Confiança para fazer apresentações

Sabe como realizar diferentes tipos de apresentações formais: para uma só pessoa, grupos pequenos e grandes, colegas, subordinados diretos e chefes. É eficiente tanto dentro quanto fora da organização e sabe de que maneira tratar informação geral bem como temas delicados e polêmicos. Capta a atenção de todos e pode controlar o grupo durante a apresentação. Pode mudar de tática durante sua exposição quando algo não está dando resultado.

Estabelecimento de prioridades

Ocupa seu tempo e dos outros no que realmente é importante. Detecta rapidamente os assuntos importantes e deixa de lado os triviais. Pode intuir rapidamente o que ajudará ou impedirá de alcançar um objetivo. Elimina os obstáculos. Estabelece prioridades.

Resolução de problemas
Emprega métodos e uma lógica rigorosos para resolver de maneira eficaz os problemas difíceis. Esgota todos os recursos a fim de encontrar soluções. É capaz de detectar os problemas ocultos. Sabe analisar os problemas com objetividade. Não se conforma com o evidente e não se deixa levar por respostas fáceis.

Controle dos procedimentos
Hábil para idealizar os procedimentos que são necessários para levar adiante uma tarefa. Sabe como organizar tanto atividades como pessoas. Sabe dividir e combinar as tarefas dentro de um fluxo de trabalho eficiente. Sabe o que avaliar e como fazê-lo. Pode ver oportunidades de sinergia e integração onde outros não conseguem. Consegue simplificar processos complexos. Consegue mais com menos recursos.

Desenvolvimento pessoal
Conhece seus pontos fortes e como desenvolvê-los. Conhece seus pontos fracos, neutraliza alguns e trabalha em outros. Conhece seus limites pessoais e se esforça para compensá-los. Compreende que situações e níveis podem requerer habilidades e enfoques diferentes. Trabalha para desenvolver suas habilidades. Esforça-se para superar suas fraquezas e limitações. Conhece suas habilidades, fraquezas, oportunidades e limitações. Busca informação. Aprende através dos erros. Aceita críticas. Não é defensivo. É receptivo ao falar de seus defeitos. Aguarda com interesse as críticas construtivas (aspectos positivos e negativos) sobre seu rendimento e as conversas sobre sua carreira.

Capacidade para julgar as pessoas
Sabe reconhecer um talento. Depois de um tempo razoável, pode determinar as habilidades e limitações

das pessoas pertencentes ou não à organização. É capaz de determinar com precisão como as pessoas agirão em diferentes situações.

Agilidade estratégica

Vê o futuro claramente. Pode prever com exatidão as consequências e tendências futuras. Possui um grande conhecimento e uma ampla perspectiva. Tem visão de futuro. Pode descrever de forma clara situações e perspectivas. É capaz de criar estratégias, planos competitivos e inovadores.

Gestão através de sistemas

Pode desenhar práticas, processos e procedimentos para gerenciar o trabalho a distância. Sente-se à vontade deixando que as coisas funcionem por si próprias, sem sua intervenção. Pode fazer com que tudo siga adiante por intermédio dos outros sem necessidade de estar presente. Consegue influenciar as pessoas e os resultados a distância.

Construindo equipes

Quando é necessário, agrupa as pessoas em equipes de trabalho. Cria um forte moral e espírito em sua equipe. Divide as vitórias e sucessos. Promove um diálogo franco. Deixa que as pessoas terminem e sejam responsáveis pelos seus respectivos trabalhos. Define o êxito como produto do trabalho de toda a equipe. Faz com que todos se sintam parte da equipe.

Conhecimentos e aprendizado técnico

Possui conhecimento técnico e prático e as habilidades necessárias para realizar o trabalho com grande perfeição. Entende com rapidez os assuntos técnicos. Pode adquirir novas habilidades e conhecimentos. Tem facilidade para entender materiais técnicos e relacionados com produtos, empresas e indústrias novas. Rende bem em seminários e cursos técnicos.

Distribuição do tempo
Emprega seu tempo de maneira eficaz e eficiente. Valoriza o tempo. Sabe distribuir seu tempo de maneira a concentrar seus esforços nas prioridades.

Qualidade total/Reengenharia
Especializa-se em produtos e serviços de ótima qualidade para satisfazer as necessidades dos clientes internos e externos. Tem por objetivo melhorar continuamente o serviço mediante a delegação de autoridade e a entrega adequada de informação. Está disposto a voltar a desenhar os processos desde o princípio. Aceita sugestões e está aberto à experimentação. Cria ambientes que incentivam o aprendizado e permitem desenvolver processos de trabalho mais eficientes.

Entendendo os demais
Compreende por que os grupos fazem o que fazem. Capta as opiniões, as intenções e as necessidades do grupo, o que ele valoriza e a maneira de motivá-lo. Pode repetir exatamente as opiniões das pessoas, ainda que não esteja de acordo com elas. É capaz de predizer o que os grupos farão em diferentes situações.

Direção de projetos e objetivos
Pode transmitir um projeto ou um objetivo fundamental de maneira que inspire e capte a imaginação dos demais. Vê além de hoje. Fala sobre as possibilidades do futuro. É otimista. Cria pontos de referência e símbolos para conseguir apoio em torno de seu projeto. Consegue que todos possam captar sua perspectiva. É capaz de inspirar e motivar as unidades e organizações inteiras. É carismático.

Nota: Outros requisitos e competências podem ser acrescidos à lista das competências-chave se eventualmente não constarem do mapa.

Foco marido: Bem, aqui está o ponto de maior importância do processo. Você também terá que elaborar a lista dos 10 ou 15 requisitos e competências (ou até mais, considerando-se a importância de ter um marido dividindo o seu destino e o alto posto que ocupará em sua vida).

Veja bem! Seu Mapa de Requisitos e Competências para a seleção de um marido pode ter itens como:

Um único item: ser homem.

Dois: ser homem e bonito.

Três: ser homem, bonito e rico.

Quatro: ser homem, bonito, rico e inteligente.

Cinco: ser homem, bonito, rico, inteligente e gostar de crianças.

Seis: ser homem, bonito, rico, inteligente, gostar de crianças e saber cozinhar.

Sete: ser homem, bonito, rico, inteligente, gostar de crianças, saber cozinhar, gostar de viajar.

Oito: ser homem, bonito, rico, inteligente, gostar de crianças, saber cozinhar, gostar de viajar, adorar dar presentes.

E vai por aí.

Outros requisitos e competências podem ser acrescentados: ser forte, ser trabalhador, ser um homem de sucesso na vida, ser um bom amante, ter hábitos caseiros, ser controlado, não ser violento, ter bom porte físico, entre dezenas de outros requisitos e competências.

Mas você talvez queira relacionar requisitos e competências que possam lhe dar melhores garantias, tais como: caráter, maturidade emocional, compreensivo e sensato, educado socialmente, ter disposição para trabalhar, ambição controlada para vencer na vida, seguro de si, de fácil relacionamento, democrático e participativo, responsável nos compromissos, fidelidade, vocação para ser pai, romântico e carinhoso, hábitos de limpeza e higiene, homem sereno e de paz, saudável e com hábitos sadios.

Ou ainda definir um homem perfeito como: sábio, carinhoso, criativo, divertido, fiel, flexível, bonito, humilde, sincero, romântico, esportista, de boa aparência e estatura, inteligente, protetor, bom ouvinte, empático, amigo e companheiro, controlado, vaidoso, informal, gentil, cavalheiro, honesto, trabalhador, independente financeiramente, viril, maduro, disposto a apreciar as coisas boas da vida junto com a mulher.

Ou, digamos, você tem uma visão mais "prática, objetiva e hormonal" como mulher e prefira considerar estas qualidades:

Homem que gosta mesmo de mulher. Ou seja, reconhece, por exemplo, as características físicas tipicamente femininas e até ache interessante a inevitável celulite e algumas estrias.

Sabe ser um macho protetor quando uma mulher se encontra desesperada na TPM.

Sabe ouvir, conversar e referenciar todo o drama vivido pela fêmea; gosta de comprar roupa para a mulher ou pelo menos sabe escolhê-la.

Tem bom gosto e adora ver a sua mulher *sexy* e gosta que ela se produza; é bom na cama.

Está preocupado em dar prazer, consegue fazer com que o sexo seja divertido, animado e bom.

Sabe abraçar e acarinhar, mas também ser mais agressivo quando é preciso.

Não tem tabu, nem é de ter nojo fácil; não prepara comida para si sem pensar na mulher e ainda guarda a melhor parte para ela.

Sabe do que a mulher gosta e do que ela precisa, o que ela quer.

Sabe dançar; tem boa memória. Ele não se esquece do dia do aniversário da mulher, do dia em que se casaram e outras datas importantes.

Tem um corpo interessante. Pratica esporte, mantém um bumbum bonito, ombros largos, braços fortes; não tem medo de compromissos. Gosta de relações estáveis e construídas.

Não procura a perfeição, tenta alcançá-la a dois; não tem problemas existenciais que servem apenas para camuflar falta de capacidade em se envolver; conhece as formas de pensar de uma mulher e sabe lidar com essa diferença e até apreciá-la.

Sabe que falar de amor é fácil, dar provas concretas de amor é que é difícil.

Não ronca quando dorme; dorme do lado da cama mais perto da porta, em sinal de alerta para levantar-se e defender sua mulher a qualquer hora; abraça a mulher e a mima durante a noite toda, mesmo inconscientemente, porque gostar da mulher é algo que está na pele e é o melhor dos hábitos.

Compete exclusivamente a você definir os requisitos e as competências para o seu futuro marido! Descrevemos aqui algumas "provocações" que servem para inspirá-la e definir os padrões que espera ver alcançados na seleção de um marido. Assim, não se pode impor a um homem certo padrão. Cada mulher tem o seu padrão de homem na cabeça. O importante é que ela saiba muito bem disso e se prepare para ser feliz quando o encontrar. Pode até acontecer que os seus padrões não coincidam com os padrões de suas amigas ou de seus pais.

Mas, apesar de ser sempre bom ouvi-los, caberá exclusivamente a você defini-los.

O método apresentado não dá um gabarito do marido certo. Ensina, entretanto, como você deve se organizar para confrontar os requisitos e padrões que definiu para os "candidatos" ao elevado e honroso posto de seu marido. Uma coisa que você pode fazer é comparar os requisitos e padrões que você definiu com os padrões de suas amigas ou parentas que têm um casamento considerado excelente em todos os aspectos, dentro do princípio "o que é bom para as mulheres que souberam fazer uma boa seleção de marido é bom para mim!".

Em uma empresa, o Mapa de Requisitos e Competências é traçado de acordo com o nível hierárquico e a importância do cargo em aberto para a empresa. Assim, o Mapa de Requisitos e Competências para o preenchimento de uma vaga de presidente, diretor ou gerente é bem diferente daquele que se utiliza para a seleção de um auxiliar de limpeza, um mensageiro ou um arquivista.

E você, qual o "nível hierárquico" e a "importância" que quer dar ao seu marido? Você procura um "rei da casa", um "gestor da família", um "príncipe encantado", um "segurança e capataz", um "pai exemplar", um "religioso e santo", um "romântico poeta", um "seguidor de ordem e um serviçal"? Ou o quê? A decisão é sua. Faça o seu Mapa de Requisitos e Competências em função do que você procura! E lembre-se sempre de que o "amor cego" e a "paixão cega" tornam praticamente impossível que você selecione um marido certo conforme o padrão que definiu, qualquer que seja o padrão! Até aqui, nosso maior objetivo foi o de mexer com sua cabeça e desafiá-la a pensar em racionalidade na hora do "sim". Espero ter conseguido, querida leitora!

Passo 3 – Desenvolvendo um Guia de Entrevista com base no Mapa de Competências determinado para a avaliação e seleção de candidatos à posição

Foco profissional: O departamento requisitante, com assistência do setor de recrutamento e seleção da empresa, desenvolve um Guia de Entrevista. O que é isso? Trata-se de uma prova situacional em que o candidato é submetido a uma série de perguntas cujas respostas sinalizam para o entrevistador se ele efetivamente possui os requisitos necessários para a função e domina a competência exigida. Nessa fase, definem-se a aplicação de testes de capacitação, o exame psicológico – através ou não de consultorias especializadas e autorizadas –, se as entrevistas serão individuais ou por meio de dinâmica de grupo, além de eventuais outros meios de análise e aferição dos candidatos.

Como exemplo de competência, vamos voltar à de número 12 do Mapa de Competências, já explicada aqui anteriormente:

Criatividade e inovação

Ocorrem-lhe muitas ideias novas e originais. Pode relacionar conceitos aparentemente não conexos. Geralmente se considera uma pessoa original e é valorizado quando necessitam de novas ideias. Sabe como pôr em prática as ideias criativas dos demais. Sabe distinguir as ideias criativas e sugestões que darão resultado. Sabe como gerenciar o processo criativo dos demais. Sabe como estimular a proposta de novas ideias. Sabe determinar o modo como as ideias propostas afetarão o mercado.

Os entrevistadores que se prezam não fazem perguntas como "Você tem criatividade?". Ao contrário, o Guia de Entrevista vai desenvolver perguntas das seguintes maneiras:

– Você pode citar algumas iniciativas suas nos últimos dois anos em seu emprego anterior que trouxeram importantes inovações para a empresa, bem como os resultados gerados por elas?

– Que procedimentos ou métodos ou inovações nas atividades, serviços ou produtos da empresa foram aprimorados em razão de sugestões de melhoria que você formulou?

– Você era procurado para participar de grupos de trabalho criados com o objetivo de aprimorar métodos ou melhorar a qualidade dos produtos e serviços? Cite essas situações.

Foco marido: Bem, minha amiga. Você também deve desenvolver, mesmo que mentalmente, o seu Guia de Entrevista ou Guia de Observação de Atitudes.

Caso queira, por exemplo, um homem criativo ao seu lado, além de fazer as mesmas perguntas anteriores (naturalmente, quando se encontrarem em uma situação de descontração e no momento oportuno), você pode observar as atitudes e iniciativas dele nesse sentido no dia a dia do namoro. Por exemplo: a) Ele tem feito sugestões para você melhorar algo na rotina de sua casa ou em seu emprego?; b) Quando surge um problema, ele reage sempre com boas sugestões que são embasadas em sua criatividade?

Agora, vamos supor que uma competência de seu Mapa de Requisitos e Competências para seleção de um marido certo seja:

Vocação paterna

Possui caráter, princípios morais e éticos graças à educação de berço e formal. Demonstra gostar de crianças e se manifesta com amor e carinho quando se relaciona com elas. É um filho carinhoso e respeitoso com seus pais. Vê nas crianças a esperança de um futuro melhor, e, em um filho, a maior realização que um homem pode ter na vida. Entende que o amor a um filho não deve ser motivo para negligências na disciplina e na formação do caráter e do bom comportamento, e que a educação de um filho é uma missão e responsabilidade do casal.

Nesse caso, você poderá considerar no seu Guia de Entrevista perguntas do tipo:

– As crianças de hoje demonstram falta de disciplina e respeito, inclusive com os professores. Como você encara isso? Os pais poderiam evitar essa situação ou é mais um problema do meio em que elas vivem?

– Não raras vezes vi mães repreendendo seus filhos por alguma razão na frente das outras crianças. Os pais, entretanto, não concordam com essa atitude. Como você acha que eles deveriam agir?

– Você gostaria de ser pai? Por quê? O que um filho representa para você?

– O filho se ressente muito da falta da presença do pai. Para você, o que é ser um pai presente?

Minha amiga, obviamente, você não fará esses questionamentos e outros para confrontar a competência *vocação paterna* como se fosse uma entrevista formal de emprego. Você aproveitará o dia a dia do seu namoro para inserir esse assunto nas conversas, certo? Essa é uma vantagem que você leva sobre as empresas!

Passo 4 – Definindo as fontes de recrutamento compatíveis com o nível do cargo na estrutura hierárquica e o Mapa de Requisitos e Competências.

Foco profissional: Essa é uma fase muito importante no processo de identificação de um talento no mercado. A empresa vai optar por uma fonte de recrutamento de acordo com o cargo que está pretendendo preencher, a demanda desse profissional no mercado e a complexidade dos requisitos e competências. Assim, para um cargo operacional, a empresa pode divulgar a vaga simplesmente em um quadro de avisos interno, uma placa na portaria ou por meio de uma agência de empregos. Isso será suficiente para a apresentação de um número expressivo de candidatos que permitirá uma seleção sem problemas. Caso a vaga seja para um profissional de formação técnica especializada, por exemplo, um anúncio nos jornais da região em que a empresa opera poderá ser suficiente, além de considerar a aplicação das fontes citadas anteriormente. Se for para um cargo de média supervisão e gerência, um anúncio em um jornal de expressão estadual ou mesmo nacional trará os tão desejados candidatos, ou, ainda, por meio de consultorias de seleção de recursos humanos. Porém, se a vaga for para gerente, diretor ou presidente, é muito comum a empresa confiar os trabalhos de procura no mercado por meio de *headhunters*[4], ou seja, consultorias e/ou pessoas especializadas em identificar altos executivos no país e mesmo no exterior. A empresa pode optar, ainda, pela busca direta através de anúncios diferenciados em jornais e revistas de primeira linha, geralmente para públicos específicos.

Foco marido: Bem, para a identificação de um marido, de acordo com os requisitos e competências estabelecidos pela requisitante, a opção pela fonte de recrutamento talvez não seja uma tarefa tão simples. Lembre-se de que os casamentos, em sua maioria, são realizados pela identificação de candidatos a marido na rua em que a mulher mora, na vizinhança de sua casa, no ambiente de trabalho ou com os colegas da escola. E esse é um curso natural da vida e uma situação normal na lógica de que "somente nos sentimos atraídos por pessoas que conhecemos". Assim, a mulher que mora em uma favela se casa com o homem que mora na mesma favela; a

4 Caçadores de talento.

mulher da periferia se casa com o homem da periferia; a mulher de classe média se casa com o homem de classe média da vizinhança em que moram pessoas de classe média; e a mulher rica, por sua vez, se casa com o homem rico da alta sociedade do círculo social de que participa. Em casos raros, registram-se envolvimentos que misturam essas classes sociais. Assim, essas castas sociais informais vão se perpetuando. Tais fontes, ou seja, a rua em que mora, a vizinhança, o local de trabalho e a escola podem até ser eficazes se os requisitos e as competências estabelecidos não forem muito ambiciosos ou elevados.

Assim, nem sempre essas fontes mais comuns possibilitam encontrar o marido certo de acordo com os requisitos e as competências estabelecidos. O que fazer, então? Aí, minha amiga, você terá que analisar e estudar a melhor fonte, aconselhando-se até com suas amigas, se necessário for, para encontrar sua cara-metade. Eu conheci uma moça formada em Serviço Social que tinha, entre os seus requisitos e competências, casar-se com um médico. Ela achava que sua formação combinaria muito bem com a formação de um médico. Assim, poderia ter um casamento de sucesso. Ora, o que fez? Que fonte procurou? Ela começou a pesquisar os eventos sociais dos centros acadêmicos das faculdades de Medicina e participar de festas promovidas por esses centros. E, em um dessas festas, conheceu o candidato de seus sonhos – um jovem médico prestes a se formar. Hoje, o seu marido é diretor do Centro de Oncologia de um grande hospital de São Paulo. Ela acertou na fonte de recrutamento!

Outro caso que eu conheci foi de uma secretária executiva de uma grande multinacional de cosméticos. Ela tinha em mente, e incluiu isso entre os seus requisitos e competências para a seleção do marido certo, identificar e casar-se com um executivo estrangeiro e morar fora do Brasil. O que fez, então? Ela combinava com as outras secretárias executivas, responsáveis pela agenda social de altos executivos em viagem ao Brasil, para acompanhá-los em passeios turísticos pela cidade, compras, jantares e outros eventos. E, após várias tentativas e muitos compromissos exaustivos às vezes, encontrou um solteirão que ocupava um alto cargo na área de marketing internacional da empresa. Ele era dinamarquês, e, por ser estrangeiro, não tinha muita facilidade em relacionamentos com mulheres norte-americanas, uma vez que morava nos Estados Unidos. Além do mais, ele era muito tímido. A nossa estrategista brasileira acabou com sua timidez em poucos encontros, que se deram tanto aqui no Brasil quanto em férias no exterior. Os dois iniciaram um namoro que foi extraordinariamente rápido e culminou em casamento. E lá foi nossa secretária executiva morar, como queria, nos Estados Unidos, desfrutando de um elevado padrão de vida em uma mansão ao lado do seu príncipe encantado dinamarquês e... rico!

Há, igualmente, as agências de casamento de bom nível. Nessas agências, você pode cadastrar o seu perfil e esperar que o marido certo o leia e se interesse por você. Alguns bares e boates de boa reputação promovem encontros entre solteiros e divorciados para que, através da socialização, eles se conheçam e possam, eventualmente, iniciar um relacionamento.

Vários sites de relacionamentos também facilitam a vida de quem quer encontrar um parceiro. Porém, você deve tomar muito cuidado antes de expor detalhes íntimos e confidenciais de sua vida nesses sites, pelas razões que todos conhecemos.

Essas três últimas alternativas se ajustam bem quando a mulher é madura. "Ah! Essas alternativas não funcionam!" – você pode estar pensando. Mas, acredite, elas podem funcionar, sim. Há muitos casos de casais que se conheceram através de agências de casamento, em sites de relacionamentos e em bares e boates temáticos de bom nível para essa finalidade.

Um dos casos que cito foi o de um médico, diretor de uma grande empresa farmacêutica, que, após um divórcio muito frustrante e desgastante, quando recomposto, passou a frequentar uma boate de alto nível que promovia encontros para relacionamento entre pessoas solteiras e divorciadas. E foi aí que ele encontrou (e a mulher também!) uma nova companheira com quem se casou. E ela era nada mais nada menos que filha única de um grande fazendeiro! Outro exemplo é o de uma moça que queria se casar com alguém que prezasse a qualidade de vida, que gostasse de curtir e apreciar as coisas boas, ao mesmo tempo em que tivesse um bom nível social e bom relacionamento, que gostasse de viajar, vestir-se bem, que dinheiro para ele fosse o meio e não o fim dos esforços de trabalho. E ela foi conhecer esse marido certo em um cruzeiro marítimo de alto luxo. Ela era dentista e ele, comandante de aeronave. Formaram um casal perfeito!

Muitas mulheres afirmam que encontraram o marido que procuravam nas atividades religiosas, católicas ou evangélicas (ou qualquer outra religião), principalmente nas reuniões especiais para jovens e atividades sociais comunitárias promovidas por essas igrejas. Geralmente, os homens que se dedicam a essas atividades são íntegros, de boa índole, possuem elevado sentimento de solidariedade social, são controlados, pacíficos, dedicados à família, bons e dedicados profissionais, sem vícios, enfim, são detentores de bons atributos. Enfim, aí estão esses exemplos para despertar sua imaginação e iniciativa.

Lembre-se! Se você incluir requisitos e competências muito altos, dificilmente encontrará um marido certo na rua em que mora, no trabalho ou na escola, caso ainda estude. Assim, use a criatividade e acione as fontes de recrutamento corretas!

Passo 5 – Definindo as condições de contratação de acordo com o nível do cargo na estrutura hierárquica e o Mapa de Requisitos e Competências

Nesta fase, estabelecem-se a faixa salarial de admissão, os benefícios gerais e diferenciados e os incentivos financeiros que serão oferecidos ao candidato certo.

Foco profissional: A empresa sabe que, para contratar um talento humano, em especial para cargos estratégicos, ela precisa ser competitiva no mercado, ou seja, ter um bom "pacote de remuneração e benefícios", boas condições e bom ambiente de trabalho, além de planos de carreira e de desenvolvimento profissional. Quando a contratação é para cargos operacionais e administrativos de baixa complexidade, a empresa procura oferecer um salário competitivo na cidade em que opera, e benefícios padrão, como restaurante, transporte, assistência médica, entre outros. Porém, quando a contratação envolve um cargo de alto comando e de impacto estratégico para os negócios da empresa, ela inclui nesse pacote os chamados *fringe benefits*[5], como carro da empresa, assistência médica diferenciada, pagamento da escola dos filhos, plano de aposentadoria, entre outros, além de remuneração acrescida de bônus executivos e ações da empresa.

5 Benefícios indiretos.

Foco marido: Minha amiga! Esta é uma fase importante do processo. Até agora você já definiu que quer um marido, determinou os requisitos e competências que os candidatos devem preencher e avaliou as melhores fontes de recrutamento nas quais procurar esses candidatos. E quanto às suas "condições de contratação"? Você se acha competitiva em um mercado acirrado em que muitas mulheres estão à busca do marido certo? O que você tem a oferecer? Quais seus atributos físicos e, principalmente, os atributos de caráter, personalidade, ética, educação social, cultura e formação escolar, além de muitos outros, como ter um bom emprego (isso conta muito hoje em dia!)?

Lembre-se de que há uma necessidade imperiosa de estabelecer um equilíbrio entre "condições de contratação" com os "requisitos e competências exigidos". Por um lado, se você colocar os requisitos e competências em um elevado padrão, mas não tem o mesmo "nível de condições de contratação", dificilmente encontrará o marido certo. Pode até acontecer, mas de forma rara. Por outro, caso coloque os requisitos e competências em um padrão baixo, você tem excepcionais condições de contratação, terá um número grande de candidatos interessados, porém essa "contratação" poderá não dar certo. O candidato aprovado não atenderá às suas necessidades físicas, materiais e psicológicas em um curto espaço de tempo. Essa é a tendência. Assim, mantenha sempre o bom senso e equilíbrio na hora de avaliar suas "condições de contratação" *versus* requisitos e competências que você exigirá de seus pretendentes.

Passo 6 – Entrevistas de seleção dos candidatos, triagem para selecionar os três melhores e escolha do candidato ideal que atenda aos requisitos e competências do cargo

Foco profissional: Nesta fase do processo, as empresas, por meio da equipe de entrevistadores, que envolve o RH e o departamento requisitante, conversam com os candidatos e aplicam os guias de entrevista elaborados em função dos requisitos e competências exigidos para o cargo. Inicialmente, o entrevistador procura deixar o candidato à vontade, com alguma conversa social inicial, depois vai se aprofundando cada vez mais em seu currículo, procurando saber o que ele fez nas empresas nas quais trabalhou, os motivos de sua saída, o que ele espera da nova empresa, seus planos pessoais e profissionais, além de aplicar as perguntas previstas no Guia de Entrevista. Ao final, a equipe seleciona por volta de três candidatos para uma aprovação final para a vaga. Apesar da importância da contratação, esse processo todo de entrevista, nas experiências que tive, leva por volta de 2 a 20 horas, tanto para um cargo operacional simples (auxiliar de limpeza) quanto para um cargo de alto comando da empresa (diretor ou presidente).

Foco marido: Aqui, você também leva uma grande vantagem sobre os selecionadores das empresas. Enquanto eles têm por volta de 2 a 20 horas para descobrir se estão com o candidato certo, você tem todo um período de namoro para aplicar seu Guia de Entrevista, elaborado em função dos requisitos e competências que você estabeleceu para o seu futuro marido, o que lhe dará milhares de horas de entrevistas para saber se identificou de fato o marido certo. Assim, não há como reclamar nesse aspecto caso você erre na escolha! Procure saber do seu passado, os motivos que o levaram a romper relacionamentos amorosos anteriores, as razões que o levaram a sair de empregos ou ser dispensado, seus planos de vida pessoal e profissional, o que espera de você como mulher, o que significa o casamento para ele, leve-o para uma "entrevista" com seus pais e ouça, principalmente, sua mãe. Coração de mãe nunca falha!

Passo 7 – Tomada de referências

Foco profissional: Neste passo, a empresa já tem por volta de três candidatos qualificados para a posição em aberto. É hora de iniciar o processo de tomada de referências, que variam em grau de profundidade de acordo com o nível do cargo e os requisitos e competências estabelecidos. Para posições na base da pirâmide, como auxiliar de produção, a empresa pode se contentar com a apresentação de uma carta de referências e/ou uma simples ligação ao departamento de Recursos Humanos dos dois últimos empregadores.

Porém, à medida que a posição em aberto sobe na pirâmide, as empresas dedicam uma atenção muito especial na tomada de referências. Quando se trata de um diretor, até o presidente da empresa entra em campo para saber como foi o desempenho de seu candidato nas últimas três empresas, pelo menos. Nessas entrevistas de referências, a empresa procura confrontar as respostas dadas pelo candidato na aferição das competências com a realidade apresentada nas empresas anteriores. São pesquisados, igualmente, os pontos fortes e pontos de melhoria, as principais realizações, as inovações implantadas pelo candidato, o comportamento, o caráter, a personalidade, a ética na condução dos negócios, as relações com subordinados e demais funcionários da empresa. Muitas companhias complementam as referências por meio de consultorias especializadas que levantam informações civis, comerciais e criminais dos candidatos. E há razões muito fortes para que as empresas tomem esse cuidado. Afinal, um novo funcionário estará entrando no quadro de pessoal para dar sua contribuição e fazer a empresa melhorar em todos os aspectos.

Foco marido: Então, minha querida leitora, se uma empresa toma todo esse cuidado com a tomada de referências antes de aprovar um candidato, como você vai admitir uma pessoa em sua vida sem saber nada a respeito de seu passado? Assim, é de vital importância que você tome referências de seu candidato a marido, descubra os seus hábitos e comportamentos, conheça bem seu caráter e personalidade, sua ética e honestidade, se ele tem algum vício, como se relacionou com as ex-namoradas, que conceito desfruta em seu trabalho, o que ele faz na vida quando não está com você, se tem hábitos sadios, além de muitas outras questões importantes para o seu "sim!". Os jornais e a TV mostram diariamente dezenas de casos de casamentos trágicos nos quais as mulheres deram o "sim" sem esses cuidados elementares e descobriram somente na vigência do casamento que tinham colocado sob o seu teto um marginal, um homem violento e até um assassino. Não, não dá para arriscar, mesmo!

Passo 8 – Negociação final com o candidato aprovado para efetivação da contratação

Foco profissional: Nesta fase, a empresa já tem o seu candidato certo para a posição. Ele foi bem nas entrevistas, preencheu todos ou a maioria dos requisitos e competências e a tomada de referências comprovou a boa impressão dos selecionadores. Agora é chegado o momento da negociação final, no qual se apresenta ao candidato o salário mensal a ser pago, os benefícios assegurados e eventuais outros incentivos específicos para o cargo. Se ele concordar, é, então, orientado a apresentar a documentação e fazer os exames médicos obrigatórios, devendo aguardar uma confirmação final da empresa. A documentação vai comprovar sua identidade, estado civil, formação escolar, empregos anteriores, entre outros. Quanto ao exame médico, para os cargos em geral, pode ser um exame comum realizado no ambulatório da empresa ou em uma clínica especializada em medicina do trabalho. Para os cargos de alta gestão, é solicitado ao candidato aprovado um exame completo.

É importante para a empresa saber que está contratando uma pessoa sem problemas sérios de saúde, os quais possam vir a impedir o exercício de suas funções logo após a contratação. Além do mais, a empresa precisa se prevenir e registrar alguma doença ocupacional preexistente para que o funcionário aprovado não venha a requerer mais tarde, na Justiça, compensação financeira por ter contraído tal doença em seu novo trabalho.

Foco marido: E agora, minha amiga? Como ficamos com relação a este passo na seleção do marido? Igualmente, você já tem o candidato a marido certo. Ele foi bem nas inúmeras entrevistas que você fez ao longo do namoro, preencheu todos ou a maioria dos requisitos e competências, e todas as referências comprovaram sua boa escolha. Mas que itens de negociação final para a efetivação do seu "sim" podem ser considerados nesta fase? E quanto à documentação, exames médicos? Bem, tudo isso vai depender do nível cultural do casal, do equilíbrio em entender as razões um do outro, do grau de confiança que se estabeleceu entre ambos, da abertura de mente, da modernidade nas atitudes, entre outros fatores.

Entretanto, há itens que são obrigatórios discutir antes do casamento civil, como o regime de comunhão de bens, por exemplo.

O regime de comunhão de bens é a condição desejada e estabelecida pelo casal, antes do casamento, que irá determinar a propriedade dos bens e regular os interesses pecuniários dos nubentes. Ele regulará os bens adquiridos ou recebidos por herança antes e durante o casamento. Essa opção ficará registrada em cartório e constará da certidão de casamento. Se os nubentes não fizerem nenhuma opção diferente, prevalecerá o regime de bens estipulado em lei – o Regime de Comunhão Parcial de Bens – daí ser o mais conhecido por todos os casais. O Código Civil

Brasileiro permite, porém, a elaboração de Pacto Antenupcial para definir e detalhar o regime a ser adotado pelo casal. Nesse pacto, é possível escolher entre os quatro regimes de comunhão de bens existentes no Brasil:

Regime de Comunhão Parcial de Bens – é o regime legal vigente. Os bens adquiridos durante o casamento são divididos em partes iguais. Dessa divisão são, assim, excluídos os bens que já existiam antes do casamento, aqueles que foram comprados com o dinheiro da venda do bem particular, os bens de uso pessoal, o rendimento do trabalho e os bens recebidos por herança ou doações de terceiros.

Regime de Comunhão Universal de Bens – neste regime, os bens adquiridos antes e durante o casamento são do casal, assim como os recebidos por herança ou doação. Como no regime anterior, os bens de uso pessoal e rendimentos do trabalho são excluídos dessa comunhão. Ainda hoje é possível casar sob esse regime de bens se for firmado Pacto Antenupcial com essa opção antes do casamento.

Regime de Separação de Bens – aqui, os bens adquiridos antes e durante o casamento são individuais. É possível estabelecer no Pacto Antenupcial que algum bem será de ambos, por exemplo, a residência do casal, e outro não. No Regime de Separação de Bens, o cônjuge que for proprietário poderá vender ou mesmo hipotecar o imóvel sem a assinatura do outro. Os dois são obrigados a contribuir para as despesas da casa, na proporção de seus rendimentos.

Regime de Participação Final nos Aquestos – para explicar este último regime, é preciso saber o que são aquestos. Essa palavra, estranha para muitos, é apenas o montante dos bens adquiridos durante o casamento, ou seja, aqueles que normalmente seriam partilhados no momento da separação ou morte de um dos cônjuges. O Regime de Participação Final nos Aquestos foi introduzido pelo novo Código Civil. Os bens adquiridos durante o casamento não são partilhados, e cada um administra o que é seu. No entanto, na separação do casal, os bens que foram adquiridos no casamento (os aquestos) são partilhados.

É aconselhável procurar um advogado para a elaboração de um Pacto Antenupcial para assegurar que a condição desejada pelo casal e as particularidades sobre o funcionamento do regime de bens que irá vigorar no casamento sejam adequadamente definidas.

O regime de bens entre os cônjuges está estabelecido no Código Civil, artigos 1.639 a 1.688. No final do livro, caso tenha interesse em se aprofundar nesse assunto, você encontra os textos legais na íntegra.[6]

Ainda neste *Passo 8*, podemos incluir, também, uma negociação final com o candidato aprovado para efetivação da contratação, como: o tipo da moradia, o local da moradia, a divisão das despesas da casa, a unificação ou não de contas e investimentos financeiros, a organização dos ambientes internos da casa, as responsabilidade de cada um na administração da casa, a filosofia de relacionamento com sogros e cunhados, o comportamento esperado diante dos filhos, o estilo de educação que acreditam ser o ideal para criar crianças saudáveis física e psicologicamente, entre outros.

E agora um item delicado – os exames médicos de admissão. Nesse caso, como já disse, vai depender do grau de maturidade e abertura de mente nas relações. O ideal seria cada um mostrar ao outro um exame médico completo que comprovasse integridade física e mental e, principalmente, isenção de contaminação por infecções de doenças sexualmente transmissíveis ou doenças genéticas. Por que não? Quantos casos conhecemos de casais que se formaram no qual a mulher ou o homem não sabiam que o parceiro ou a parceira eram portadores de graves doenças infectocontagiosas! Que demonstração de sensatez, modernidade e mente aberta não daria um casal que assim procedesse, não concorda?

Passo 9 – Formalização legal da contratação

Foco profissional: A essa altura, o candidato aprovado já entregou a documentação legal para registro, recebeu sinal verde dos exames médicos de admissão e está pronto para assinar o contrato de trabalho, formalizando o vínculo empregatício com o empregador. Esse contrato de trabalho será regido principalmente

6 Nota: essas informações de caráter jurídico são meros esclarecimentos básicos que não pretendem esgotar o assunto. Você deve consultar um advogado para orientações mais técnicas e profissionais.

pela Consolidação das Leis do Trabalho (CLT). O processo de contratação encerra-se aqui, e o novo funcionário está pronto para emprestar sua colaboração e aplicar todo o seu potencial profissional a favor da empresa e dela receber a remuneração e benefícios, vitais para a sua manutenção e a de sua família, caso já possua. Assim, se estabelece uma relação de interdependência – a empresa precisa do empregado e ele, da empresa.

Foco marido: A formalização do casamento se dá através do registro no Cartório de Registro Civil que expede a Certidão de Casamento, formalizando o vínculo conjugal entre o homem e a mulher. Esse ato será regido principalmente pelo Código Civil (CC). O processo de "contratação" do marido certo encerra-se aqui, estando ambos compromissados a uma mútua colaboração e vida em comum com o maior objetivo de constituir uma família próspera, saudável e feliz. Assim, se estabelece uma relação de interdependência, o marido precisa da esposa e ela, do marido.

Passo 10 – Programa de integração de novos funcionários

Foco profissional: Apesar de ser um programa pós-contratação, o programa de integração de novos funcionários ainda está atrelado ao processo de identificar e selecionar um novo talento humano para a empresa. Através desse programa, o novo funcionário participa de uma série de apresentações sobre as políticas da empresa, os benefícios, os programas de RH, os produtos da empresa, a estrutura da organização, entre muitos outros itens, encerrando-se com uma visita geral às instalações da empresa. Esse programa é realizado logo no primeiro dia de trabalho. Depois, o funcionário é levado ao seu superior hierárquico no departamento em que trabalhará, cabendo a este apresentá-lo aos colegas de trabalho e orientá-lo quanto às atividades que desempenhará, buscar recursos e informações necessárias, além de acompanhar seus primeiros passos na empresa até que o novo funcionário assimile plenamente suas funções e conheça os procedimentos da empresa.

Foco marido: E você, minha amiga? Agora com o marido certo a tiracolo, como serão os primeiros dias do casamento? Vamos deixar que tudo flua em um curso normal, corrigindo-se eventuais desvios, ou isso merece um planejamento? Bem, geralmente, isso tudo flui em um curso normal mesmo e a correção de desvios nem sempre se dá de forma pacífica. Porém, analise bem os hábitos e comportamentos que você pretende adotar no tratamento com o seu querido marido. Não raras vezes a mulher adota uma atitude maternal e começa a tratá-lo como um filho, ou seja, faz questão de fazer todo o serviço em casa, levar café na cama para ele de manhã, mimá-lo com muitos agrados unilaterais. Isso sem falar da recepção à tarde, quando o marido volta do trabalho e encontra a mulher toda maquiada, elegantemente vestida, esperando o amado com um copo de uísque *on the rocks*. Com o passar do tempo, outros compromissos surgem e ela tem que mudar esse comportamento maternal, principalmente quando chegam os filhos. Aí começam aqueles probleminhas que, com o tempo, minam as relações conjugais. Acostumado a ter tudo à mão – como tomar café na cama carinhosamente preparado por ela, não precisar ajudar a lavar a louça, tomar a cervejinha gelada servida por ela enquanto estiver assistindo ao jogo de futebol, ser atendido de imediato e sem hesitações a solicitações para que ela lhe traga um cafezinho ou um copo com água e não estar envolvido nos afazeres da casa –, o marido se habitua a essa gostosa rotina de mordomia. Quando a mulher, porém, deixa de fazer todos esses mimos e passa a recebê-lo ao final de seu expediente não mais arrumada e cheirosa, de tão atolada que está com os compromissos domésticos e com dois filhos pendurados em sua saia, ela corre o risco de ouvir dele: "Nossa, como você está diferente comigo! Você está muito mudada! Antes era toda carinhosa e atenciosa, mas agora...". Nesse momento, a mulher olha fundo para o homem, como olhará tantas outras vezes na vigência do casamento, procurando transmitir-lhe uma mensagem telepática: "Você pensa que se casou com uma empregada doméstica ou o quê?".

Esses são exemplos simples e que tentam ser engraçados, mas podem abrir os seus olhos sobre como agir nos primeiros dias do casamento. A princípio, evite fazer coisas que, muito dificilmente, você dará continuidade em um futuro próximo. Se ele se oferecer para ajudar nos afazeres da casa, aceite, sim! Claro! Se ele não se oferecer e este é um desejo seu, procure acostumá-lo a isso logo nos primeiros dias do casamento. Evite dar-lhe muita mordomia, apesar disso parecer uma demonstração de amor e carinho. De certa forma, esse seria o seu "programa de integração de novos funcionários" e, assim sendo, pense nos comportamentos que vai ter nesses importantes e cruciais primeiros dias. E pense também em como pretenderá fazer para "integrar" seu marido ao novo "ambiente doméstico".

A contratação de um talento humano é um ato dos mais importantes para a empresa, uma vez que comprovou sua capacidade em atrair um bom candidato, podendo, assim, contar com mais um hábil colaborador para o desenvolvimento de seus negócios e de sua organização. Porém, a empresa precisa continuar mantendo sua capacidade de atrair novos talentos humanos e – o que é mais importante – retê-los na organização. Assim, mesmo após a contratação e o pleno início das atividades, as empresas mantêm programas que visam motivar os funcionários, retê-los no quadro, melhorar o seu desempenho, promover um ambiente agradável de trabalho e, o que é muito, muito importante, manter e aprimorar as condições de competitividade no mercado de trabalho. Esses programas também se aplicam no *foco marido*. Enfim, essas empresas acreditam que atraem e retêm bons funcionários cuidando da competitividade nos salários e benefícios, dando boas condições de trabalho, em um ambiente agradável, além de oferecer oportunidades de carreira e desenvolvimento profissional.

Assim, minha amiga, o seu trabalho selecionando o marido certo não deve parar por aí. Novos esforços de sua parte são necessários para, igualmente, mantê-lo motivado, retê-lo em casa na condição de marido, melhorar a sua atuação e desempenho e assegurar um ambiente doméstico agradável no qual ele se sinta bem. E, o que é igualmente importante, manter e aprimorar as suas "condições de competitividade" como esposa em um mercado em que a disputa por homens de valor estende-se também aos homens bem casados!

Vamos ver como e quais são alguns desses programas, com foco empresa e com foco marido, seguindo a mesma linha já adotada anteriormente.

Avaliação de desempenho

Foco profissional: A maioria das empresas estruturadas e organizadas mantém um programa de avaliação de desempenho, que confronta o real desempenho do funcionário em certo período com relação aos objetivos e resultados esperados para a sua função, bem como o domínio e aprimoramento de competências. São considerados também os pontos positivos e os pontos de melhoria demonstrados no desempenho da função. A avaliação de desempenho é processada pelo supervisor direto e é revista por alguém um nível acima desse. Em seguida, uma reunião especial com essa finalidade é marcada com o funcionário avaliado. O supervisor direto do funcionário costuma relembrar os objetivos da avaliação de desempenho, posicionando o funcionário sobre os seus progressos e pontos fortes, bem como as atividades que merecem sua atenção e seus pontos de melhoria. Uma avaliação de desempenho bem-sucedida ocorre quando o supervisor direto e o funcionário concordam com os seus termos e negociam um plano de desenvolvimento profissional e de melhoria para os pontos que mereceram atenção. Quanto à periodicidade, a avaliação de desempenho pode ser realizada após seis meses da admissão do funcionário (recomendável) ou anualmente. Há empresas que adotam a prática da *probation evaluation*. Essa "avaliação de provação" é utilizada nos casos em que o desempenho do funcionário está sinalizando para uma dispensa, caso desvios importantes não sejam corrigidos. É uma forma de dar uma última oportunidade ao funcionário sobre a realidade do seu desempenho, dar ênfase aos pontos críticos e desvios que devem ser corrigidos dentro de certo prazo (geralmente de três meses no máximo), sob pena da rescisão do contrato de trabalho. Confirmado pelo funcionário sob provação que aceita essa oportunidade e concorda com os pontos de correção levantados, começa-se a contar o prazo. Findo o prazo concedido, se não houver progressos importantes e convincentes, a empresa processará o desligamento, dando como finda a relação empregatícia.

Foco marido: Quando você selecionou e aprovou o seu marido, tinha em mente uma série de requisitos e competências que julgou serem atendidas por ele. Caso contrário, não o teria aprovado na seleção, certo? Então, como o processo de avaliação de desempenho pode ser aplicado no foco marido? Simplesmente da mesma forma que as empresas o fazem. Você pode programar um evento, depois de decorridos seis meses do casamento, para uma conversa franca e aberta sobre a realidade constatada por você *versus* os requisitos e competências estabelecidos. Deve ser uma conversa amiga, sincera, de boa vontade, realizada em um ambiente calmo e apropriado (que tal um jantar romântico de comemoração aos seis meses de casamento?). Nessa oportunidade, você apresenta a sua avaliação dos primeiros seis meses, ressalta as qualidades positivas que está vendo nele e, com habilidade, entra nos pontos de melhoria que gostaria de ver corrigidos por ele. Se achar mais conveniente, pode iniciar a conversa procurando saber dele como sentiu os primeiros seis meses de casamento, que pontos positivos ele ressalta em você e quais os pontos de melhoria que ele gostaria que você prestasse atenção e fizesse um esforço para corrigi-los. Uma reação natural dele será, certamente, procurar saber de você as mesmas coisas. Aí você entra com a sua avaliação.

Encontros com essa finalidade devem se repetir anualmente, no aniversário de casamento, acompanhado de um excelente jantar e regado a um bom vinho. Que pontos de melhoria você deve falar? Bem, a lista deve ser elaborada por você de acordo com sua realidade. Mas, apenas para inspirá-la, essa lista poderá incluir itens tais como: ele deixou de surpreendê-la com frases de amor; que você valorizaria receber presentes fora de datas especiais; que gostaria que ele não se esquecesse mais de datas especiais, como o início de namoro, do primeiro beijo, do casamento; que ele deveria evitar mentir, devendo a verdade sempre prevalecer; quanto você aprecia convites para sair em datas comemorativas; que não é um comportamento apropriado criticar a sua família; que você gostaria de ser incluída em alguns encontros com os amigos dele; que ele deveria pensar duas vezes antes de fazer uma crítica; falar do seu direito de ter amigas e que seu espaço deve ser respeitado; que ele não deve falar alto, nem ficar gritando, ser bem-educado; que ele deveria estar sempre disposto a ouvir o que você tem a dizer e tentar compreendê-la; que está sentindo falta de receber aconchego e proteção, sentir-se bem aparada; que gostaria que ele passasse mais segurança; que ele deveria respeitar a parte que cabe a você comandar; que ele deveria estimular mais sua vida profissional; que ele deveria compartilhar as tarefas domésticas com mais frequência; que está faltando da parte dele mais ajuda na criação dos filhos – a responsabilidade deve ser dividida –; que ele deveria fazer sexo com mais carinho, ficando atento para o que lhe dá mais prazer; que reprova a falta de controle da parte dele nos gastos e orçamento doméstico; que ele deveria conhecer melhor as pressões que você sofre; que ele parece ter esquecido os seus sonhos de vida; que ele evita a troca de opiniões nas discussões... entre tantos outros assuntos que surgirão na convivência do casal.

Entretanto, fique preparada que ele trará, com certeza, sua lista de pontos de melhoria que ele espera que sejam superados de sua parte. Esses pontos poderão incluir: a falta de diálogo franco entre vocês para acertarem as diferenças; a falta de elogios e reconhecimento para o seu desempenho profissional; não reparar e admirar as roupas dele e quanto procurou ficar bonito para você; falta de incentivo à sua carreira profissional; classificá-la como uma mulher que o sufoca como marido, não dando espaço para que ele se encontrar com amigos e fazer novos; o seu sentimento de estar "aprisionado", não tendo a sensação de estar livre; a falta de demonstração de confiança nele; as críticas que faz à sua família, às ex-parceiras, à mãe e aos demais parentes dele; a não demonstração de estar satisfeita durante o sexo e quanto você o ama quando estão na cama; a atenção maior dada à arrumação da casa do que dedicar um momento a ele com mais carinho e interesse... além de muitos outros assuntos.

E quanto à *probation evaluation*? Ela se aplicaria? Eu creio que até pode se aplicar, sim. Em algum momento, se o desempenho e o comportamento dele sofrerem desvios graves e sérios que, caso continuem, podem levá-la a pedir um divórcio, você pode tentar salvar seu casamento aplicando uma "avaliação de provação". Nesse caso, seja enfática e firme. É uma forma de dar ao seu marido uma última oportunidade sobre a realidade do seu desempenho e comportamento, enfatizando os pontos críticos e os desvios que devem ser corrigidos dentro de certo prazo, sob pena da rescisão do vínculo matrimonial através da solicitação de divórcio. Confirmado pelo seu marido sob provação que aceita essa oportunidade e concorda com os pontos de correção levantados, começa-se a contar o prazo. Findo o prazo concedido, se não houver progressos importantes e convincentes, você seguirá com o processo de divórcio e dará como finda a relação conjugal. E, uma vez que estamos falando que a "avaliação de provação" pode culminar com a possibilidade de separação e divórcio e a consequente proteção da pessoa dos filhos, que tal lembrarmos alguns importantes pontos e legislação sobre esse assunto?

Separação judicial

A separação e o divórcio não sofreram grandes alterações com o advento do novo Código Civil. Inicialmente, porque foram preservados tanto a separação quanto o divórcio como modalidades de dissolução da sociedade conjugal. A separação litigiosa, na sua modalidade culposa, é baseada na conduta desonrosa ou na grave violação aos deveres matrimoniais por um dos cônjuges, que venha a tornar insuportável a vida em comum, e em decorrência de grave doença mental, que tenha acometido um dos cônjuges, ou falência, em vista da ruptura da vida em comum combinada com a impossibilidade da sua reconstituição.

A separação consensual se dá por mútuo consentimento entre os cônjuges. Entretanto, a mais significativa inovação nas condições legais da separação foi a possibilidade de ser requerida sem a invocação de uma causa jurídica (culposa ou objetiva). De fato, o art. 1.573, parágrafo único, ao dispor que "o juiz poderá considerar outros fatos que tornem evidente a impossibilidade da vida em comum", passou a contemplar uma nova modalidade de separação no direito brasileiro, calcada na própria impossibilidade da manutenção da vida em comum, independente de qualquer causa, culposa ou objetiva, de tal sorte que um determinado cônjuge, para se separar, não precisa mais invocar uma causa, como a grave violação dos deveres matrimoniais por parte do outro cônjuge, ou mesmo a grave doença mental, bastando simplesmente que alegue o seu desejo de não mais manter o laço matrimonial pelo fim da afeição conjugal, ou mesmo a tão comentada "incompatibilidade de gênios".

Nada mais justo, porque se não é necessário invocar nenhum motivo ou causa jurídica para se casar, igualmente não se deve exigir um motivo ou causa para se descasar.

Nada impede, todavia, diante da proposição de uma ação de separação judicial calcada simplesmente na insuportabilidade da vida a dois, decorrente, por exemplo, do fim da afeição conjugal, que o cônjuge demandado possa pleitear reconvenção, pretendendo ver reconhecida e decretada a culpa do autor da ação – o que poderá ter relevância, ainda que pequena, para efeito de guarda dos filhos, uso do nome e direito a alimentos. Quanto aos alimentos, temos que, de direito, é assegurado ao cônjuge necessitado pleitear alimentos daquele que tiver possibilidade de prestá-los.

De igual forma, persistem o divórcio direto e o divórcio por conversão da separação judicial em divórcio, sendo que o único pressuposto para a conversão passou a ser, agora, o prazo de separação.

A legislação aplicada à dissolução da sociedade e do vínculo conjugal está estabelecida no Código Civil, artigos 1.571 a 1.688.

No final do livro, caso tenha interesse em se aprofundar no assunto, você encontrará os textos legais na íntegra.[7]

Divórcio

A publicação da Emenda Constitucional nº. 66, de 13/7/2010, possibilitou que o casamento possa ser dissolvido pelo divórcio, alterando a redação do art. 226, § 6º da Constituição Federal de 1988, permitindo a feitura do divórcio direto imediato sem a necessidade de fazer primeiramente a separação, bem como eliminou os prazos de separação.

Também vale ressaltar que, com o advento da Lei nº.11.441, de 04/1/2007, acresceu o art. 1.124, *caput* e parágrafos no Código de Processo Civil, permitindo que os processos necessários de separação consensual, divórcio consensual e inventário possam ser efetuados sob a forma extrajudicial, ou seja, por escritura pública, observadas as ressalvas legais.

Assim, as separações e divórcios podem ser feitos por via administrativa, ou seja, pelo cartório, sem passar pela homologação judicial, que, por vezes, pode se tornar excessivamente demorada.

Os requisitos básicos para a utilização correta dessa via são: o casal não pode ter filhos menores de 18 anos ou incapazes (que necessitem de tutela ainda que tenham alcançado a maioridade); a escritura pública lavrada por tabelião de notas expressando a livre decisão do casal acerca do valor e do modo de pagamento dos alimentos que um dos cônjuges pagará ao outro (ou a dispensa desse pagamento); a descrição e a partilha dos bens adquiridos durante o casamento; e se o cônjuge que tiver adotado o sobrenome do outro irá mantê-lo ou não. Com a aprovação da EC 66/2010, não há tempo mínimo de casados ou de separados de fato para requerimento do divórcio.

Para o divórcio por via administrativa, o procedimento adotado é o seguinte:

O casal marca uma seção de mediação no escritório de advocacia, em que poderá, orientado pelo advogado, discutir e definir as situações relativas aos nomes, pensão e partilha de bens.

---

7 Nota: essas informações de caráter jurídico são meros esclarecimentos básicos que não pretendem esgotar o assunto. Você deve consultar um advogado para orientações mais técnicas e profissionais.

Definidas essas questões, o advogado elabora documento contendo a manifestação da vontade das partes para ser levado ao cartório. É definida a data da homologação no cartório.

No cartório, presentes as partes e o advogado, é realizado o divórcio nos termos antes consignados.

Planos de carreira e desenvolvimento profissional

Foco profissional: Este é o item de maior foco de atenção dos candidatos às vagas nas empresas, principalmente dos jovens. Estamos falando de futuro profissional. As empresas sabem bem disso e investem em planos de carreira e de desenvolvimento profissional, que compreendem o planejamento da carreira na empresa para funcionários com potencial, identificados internamente, ou contratados como *trainees* com potencial e, por meio desse planejamento, os funcionários selecionados para o programa passam por estágios diferentes de treinamento e desenvolvimento, ocupam funções intermediárias, até galgarem os postos previstos originalmente. Outra forma é a estrutura de cargo disposta em uma pirâmide de importância e valor dos cargos para a empresa, em que as promoções estão abertas a todos os funcionários com base em mérito e bom desempenho, além de mostrarem potencial profissional.

As empresas que cuidam do desenvolvimento profissional incentivam o aprendizado contínuo e mantêm diversos programas de formação e desenvolvimento, como custeio de cursos superiores, pós-graduação ou mestrado, além de seminários e cursos internos e externos.

Foco marido: Essas ações podem estar presentes em nível doméstico, com as devidas adaptações, claro. O aprendizado contínuo deve estar presente na vida do casal, quer dando sequência à formação educacional, escalando os graus superiores, pós e mestrado, quer na leitura pontual de livros que possam ser úteis a cada momento vivido, como os ensinamentos de ser pai ou mãe, na ocasião do nascimento dos filhos. O casal deve buscar permanente desenvolvimento e aprendizado. É a evolução cultural e educacional que culminará com a evolução social. Há muitos casamentos nos quais o marido e/ou a mulher se uniram tendo apenas nível básico ou intermediário de estudos e, durante sua vida em comum, se formaram, conseguiram maior sucesso profissional e maiores recursos financeiros para o suporte das despesas, planos e sonhos do casal. Estude e se aprimore sempre!

Manutenção e melhoria das boas condições de trabalho

Foco profissional: As empresas procuram sempre manter e inovar para assegurar boas condições de trabalho. Assim, investem em móveis e instalações atraentes e modernas; disponibilizam equipamentos de informática de última geração; abrem espaço para lazer e cuidados com a saúde, como as academias instaladas no próprio local de trabalho; mantêm bons restaurantes; material de higiene e segurança; posto bancário; serviço de correio; biblioteca; equipados ambulatórios médicos; áreas para descanso e relaxamento após as refeições; patrocinam serviço de café e lanches; oferecem estacionamentos amplos e seguros... Essas iniciativas, entre outras, têm como objetivo proporcionar ao funcionário uma sensação de bem-estar social, conforto, segurança, satisfação em fazer parte da empresa, motivando-o para o trabalho. O Mestre Toni, meu primeiro chefe, costumava dizer:

O ambiente e as condições de trabalho devem ser boas a ponto de o funcionário sentir grande prazer de vir trabalhar todos os dias, ter satisfação em seu trabalho, orgulho de pertencer à empresa e não ter pressa para ir para casa. Nas férias, sente até saudades da empresa.

Bem, devo ressaltar que ouvia isso dele nos idos de 1960! Se considerarmos que em 1960 não se falava em Recursos Humanos e as empresas tinham apenas um departamento de pessoal, que cuidava da documentação trabalhista, folha de pagamento e disciplina de pessoal, essas palavras do Mestre Toni até que foram proféticas e são válidas até os dias de hoje (receio apenas quanto a saudades da empresa nas férias!).

Foco marido: Manutenção e melhoria das boas condições domésticas seria um termo mais apropriado para o foco marido. Na verdade, neste item, a mulher reina poderosa. Por isso ela é chamada de "dona da casa" e "rainha do lar". E, geralmente, o homem aceita esse papel da mulher com muita tranquilidade. Assim, no casamento, a mulher é quem dá a primeira e a última palavra em termos de compra dos móveis, eletrodomésticos e utensílios. E ela tem uma inclinação natural e instintiva para isso desde o tempo de criança, quando sua brincadeira preferida era "brincar de casinha".

Entretanto, minha amiga, você não pode ser muito dominadora nessa hora. É importante que seu marido se sinta bem em casa, dentro daquela linha em que "o ambiente da casa e as condições de permanência na casa devem ser boas a ponto do marido sentir prazer de ficar em casa todos os dias, ter satisfação de retornar para casa quando estiver ausente, orgulho de pertencer à família e não ter pressa de ir para a rua. Nas férias, sente até saudades da casa" (receio apenas quando ele estiver no bar jogando conversa fora com os amigos!).

Assim, permita que ele crie alguns ambientes que tenham a sua cara, como fazer um escritório pessoal em um dos ambientes, uma academia de ginástica, uma cadeira especial de descanso, mesmo que destoe do padrão dos outros móveis de sala que você escolheu. Nesses ambientes, não se preocupe muito com excesso de organização, ordem e limpeza. Não se surpreenda se encontrar nesses "territórios particulares" de seu marido algumas meias e roupas espalhadas pelo chão, tênis e chinelos virados, um cesto de lixo cheio. A mulher deve procurar sempre manter e inovar para assegurar boas condições domésticas. Uma casa arrumada, limpa, com móveis confortáveis e alegres, banheiros equipados com boas toalhas e material de banho, luzes que transmitam paz, serviços de refeições que levem em consideração seus pratos prediletos (e não se irrite se ele encomendar um prato que gostava muito quando era sua mãe quem preparava!), TV e rádio em volume adequado, roupas de trabalho impecavelmente limpas e organizadas, entre tantos outros detalhes. Tudo isso com o objetivo de fazer seu marido sentir bem-estar social, satisfação de fazer parte da casa, sentir-se confortável e seguro, ter a sensação de liberdade, motivando-o a ficar na casa e a dividir as tarefas domésticas.

Visão machista? Não foi minha intenção. Lembre-se de que

estamos falando de **técnicas de RH para selecionar e segurar marido**. Este livro é dirigido, principalmente, às mulheres. Mas é óbvio que os homens têm as mesmas responsabilidades em assegurar as boas condições domésticas e tudo o mais para um casamento com cumplicidade e reciprocidade. Mas meu foco aqui é você, mulher. A melhor estratégia é você ter uma atitude democrática e participativa, trocando ideias do modo como as condições da casa devem ser organizadas para agradar os dois, e não impondo ao seu marido somente a sua vontade. É o que as empresas chamam de "gerência democrática e participativa" e "técnicas de negociação".

Manutenção e melhoria das condições de competitividade no mercado de trabalho

Foco profissional: As empresas acreditam que podem atrair e reter bons funcionários cuidando da manutenção e melhoria das condições de competitividade no mercado de trabalho. Essa competitividade está assentada basicamente nas práticas de administração de salários, programas de benefícios, condições e ambiente de trabalho, além de oportunidades de carreira e desenvolvimento profissional. Estamos subdividindo alguns desses itens para melhor expor as ideias.

E, para atingir esses objetivos, as empresas realizam pesquisas salariais e de benefícios, ao menos uma vez por ano, entre as principais concorrentes no mercado de trabalho. Assim, obtêm informações nas quais se baseiam para formular suas próprias políticas. De acordo com os recursos financeiros, elas desenham as suas faixas salariais e os incentivos monetários, bem como definem o seu pacote de benefícios. Quanto maior poder de fogo em termos financeiros, maior competitividade a empresa terá para entrar na disputa. Entretanto, salários e benefícios não são tudo. Estudos mostram que as condições e o ambiente de trabalho e principalmente os planos de carreira e desenvolvimento profissional são itens mais valorizados atualmente pelos funcionários na escolha de um novo emprego.

Foco marido: Bem, quando ao se lançar no "mercado de maridos certos", você tinha em mente uma lista de requisitos e competências que o candidato certo deveria preencher. Você também tinha ciência de suas "condições de contratação", certo? E, ainda, tinha confiança em suas "condições de contratação", achando-se competitiva em um mercado acirrado, no qual muitas mulheres estão em busca do marido certo. Você achava que tinha muito a oferecer, como seus atributos físicos e principalmente os atributos de caráter, personalidade, ética, educação social, cultura e formação escolar, além de muitos outros, como ter um bom emprego. Você estabeleceu um equilíbrio entre "condições de contratação" com os "requisitos e competências" exigidos.

Bem, minha amiga, o desafio após o casamento é manter e melhorar essas suas condições de competitividade no mercado de maridos certos. Da mesma forma que ocorre em um processo de seleção de um talento humano na empresa, também ocorre no processo de seleção de um marido certo. Você selecionou aquele que julgou preencher os requisitos e competências que você valorizou e, da parte do candidato, ele gostou de suas condições de contratação. Assim como ocorre na empresa, enquanto o funcionário continuar correspondendo às expectativas da empresa em relação aos requisitos e competências do cargo, bem como os resultados almejados, e a empresa continuar mantendo as suas boas condições de contratação, o vínculo empregatício se manterá positivo e contínuo. Enquanto o marido certo continuar correspondendo às expectativas da mulher quanto aos requisitos e competências de seu posto, bem como o desempenho almejado, e a mulher continuar mantendo suas boas condições de contratação, o vínculo conjugal se manterá positivo e contínuo.

Viu quanta semelhança entre os dois processos? Aqui chegamos à conclusão: o seu desafio, querida leitora casada com o marido certo, é desenvolver todos os esforços para manter e aprimorar suas condições de competitividade no mercado de maridos certos, mantendo e aprimorando as suas condições de contratação originais. E, da parte dele, desenvolver todos os esforços para manter e melhorar o desempenho dentro dos requisitos e competências estabelecidos por você. Tão simples e desafiador assim!

Manutenção e melhoria do bom ambiente de trabalho

Foco profissional: Se as condições de trabalho contemplam os aspectos físicos e materiais disponibilizados aos funcionários, o bom ambiente de trabalho considera os aspectos psicológicos e motivacionais imateriais que criam um ambiente agradável e de plena realização social. O bom ambiente de trabalho é um dos itens mais valorizados pelo funcionário em busca de uma oportunidade profissional. E as empresas sabem bem disso! Assim, as empresas estruturadas e organizadas procuram cercar seus funcionários de práticas e programas que assegurem um bom ambiente de trabalho. Entre esses programas estão:

- uma filosofia de pessoal que considera os recursos humanos como o principal recurso da empresa para atingir seus objetivos operacionais;
- uma política de portas abertas nas comunicações entre empresa *versus* chefia *versus* funcionários, na qual as sugestões são ouvidas e a crítica construtiva é permitida e até incentivada;
- o desenvolvimento da chefia para praticar um estilo de gerência participativa e democrática, baseada nas boas relações humanas no trabalho e no reconhecimento dos valores individuais dos funcionários;
- um programa amplo de comunicações com funcionários para que eles acompanhem os problemas e desafios da empresa, bem como as oportunidades e realizações da organização;
- um programa que reconheça e premie o mérito do tempo de casa, reconhecendo a importância dos funcionários veteranos;
- um calendário de eventos sociais que promova a confraternização entre os funcionários;
- um programa de visitação de familiares para que conheçam melhor a empresa e os locais de trabalho de seus parentes funcionários;
- programas que promovam a imagem da empresa para os funcionários, bem como sua integração e o sentimento de "pertencer", entre outras iniciativas.

Apesar de as condições e o ambiente de trabalho caminharem juntos, o ambiente tem um valor maior, sobrepujando-se em importância aos olhos dos funcionários.

Foco marido: Manutenção e melhoria do bom ambiente doméstico seria um termo mais apropriado para o foco marido neste item. Sem dúvida! De nada valerá ótimas condições domésticas, nos aspectos físicos e materiais, se não houver um bom ambiente doméstico que cuide adequadamente dos aspectos psicológicos e motivacionais do casamento. E essa é uma tarefa a ser realizada a quatro mãos!

A essa altura de nossa história, você já está há alguns meses da cerimônia nupcial. Depois da tão esperada pergunta: "Senhora selecionadora de marido certo, aceita casar-se com o candidato a marido certo aprovado no processo de seleção?", a reposta tão aguardada ainda ressoa em sua cabeça: "Sim!". Agora você sente sua mão esquerda bem mais pesada e mostra sua aliança com muito orgulho e comprometimento. Todos ainda se lembram da festa de casamento. E o momento maior foi a promessa de amor eterno. Agora vocês não são namorados ou noivos. Vocês constituíram uma família e se tornaram cúmplices, motivados e preparados para experimentarem o "felizes para sempre".

O casamento tem uma grande possibilidade de fazer bem às pessoas. Mas o risco de surgirem as primeiras desavenças em um curto período de tempo é potencialmente grande. As primeiras situações estressantes da vida conjugal marcam presença. Compatibilidade de gênio, realização no sexo, administração das finanças da casa, valores sociais e culturais, relacionamento com as famílias, comunicações, grau de intimidade, entre outros podem causar um início frustrante no casamento. "Mas ele me convenceu de que preenchia todos os meus requisitos e competências! Onde foi que eu errei?" – vindo de sua parte – e "Ela me pareceu ter as melhores condições de contratação! Será que avaliei errado?" – vindo da parte dele – são questionamentos que podem abalar para sempre o que parecia ser uma união perfeita. Seria, então, o começo do fim do "felizes para sempre"? E ambos recordarão um dos versos de Vinicius de Moraes: "Eu possa me dizer do amor (que tive). Que não seja imortal, posto que é chama. Mas que seja infinito enquanto dure".

Não, ainda é cedo para o casal aceitar essa afirmação poética! Ah! Mas algo interessante acontece com o casamento. Até agora temos demonstrado que as técnicas eficazes de RH andaram emparelhadas com as técnicas de seleção e retenção do marido certo. Nas empresas, os requisitos e competências sofrem constantes alterações e flexibilizações, em vista das contingências dos negócios, planos estratégicos, introdução de novos produtos, incorporação de outras empresas, realidade do mercado no qual atuam, mudanças nos processos administrativos, comerciais e produtivos, novas tecnológicas e tantas outras situações e realidades do mundo corporativo.

Assim, da mesma forma como ocorre nas empresas, os "requisitos e competências" estabelecidos por você, selecionadora do marido certo, e "as condições de contratação" aceitas por você, candidato a marido certo aprovado, têm que ser flexibilizados na vigência do casamento, de acordo com as realidades impostas pelas marcas do tempo, as experiências adquiridas no convívio do cotidiano da vida a dois e as adaptações necessárias para possibilitar a coexistência de dois seres sob um mesmo teto. Essa é a única forma de ambos chegarem a denominadores comuns nas várias nuances da rotina do casamento. O seu amor poderá ser diferente e durar, feliz, uma eternidade! Mas o que o casal pode fazer para que isso aconteça?

Os segredos para um casamento feliz e duradouro poderão ser encontrados aplicando-se princípios, ações, experiências e sabedoria. E quais os conselhos, então, para a felicidade e estabilidade do casamento? Inspire-se nas sugestões e descobertas de casais que deram certo no casamento (e estão casados até hoje!).

• A primeira condição é o entendimento de que a intimidade requer um mergulho profundo, saindo da superfície das relações e emoções. É necessário, antes de tudo, que o casal esteja disposto a se dedicar de corpo e alma à relação. Ela é traumática nos primeiros meses, é natural!

• Não existe uma receita única e simples para um casamento feliz. A paciência, a calma e a disposição de vencer todos os desafios serão atributos importantes para que o DNA, seu e dele, das emoções, sentimentos, necessidades, valores e modo de ser de cada um se misture e gere, em certo tempo, um DNA comum aos dois!

• Mantenha uma expectativa realista a respeito do casamento. Nesse momento, vocês começarão a aprender que terão que abrir mão – ou minimizar sua importância – dos "requisitos e competências estabelecidos", bem como das "condições de contratação". Mas que ironia e conclusão paradoxal, não? A felicidade do casal está relacionada à flexibilidade e à tolerância que ambos demonstrarem com relação a esses dois pontos. Você não poderá esperar que o marido certo seja exatamente como seus "requisitos e competências" estabeleceram, nem ele que as "condições de contratação" se manterão inalteradas em todo o curso do casamento. Assim, um deverá reconhecer o valor do outro. Se você não mantiver uma expectativa realista, com certeza sofrerá desilusões. Não existe um casamento feliz 30 dias por mês, 365 dias por ano. Não se iluda, minha amiga. As crises virão como um processo natural do casamento e do relacionamento entre duas pessoas que eram livres e independentes e agora estão sob a união de um vínculo matrimonial e são interdependentes. Os problemas virão, mas o casal os entenderá como um desafio a ser superado, e não como um obstáculo que o derrubará no desânimo e frustração. E, a cada desafio superado, o casal sairá fortalecido e mais experiente para os problemas que se seguirão.

• Cultive o romantismo com criatividade. Não permita que o casamento acabe matando o romance. A rotina pode fazer com que o romance adormeça ou o amor pereça. Mas em seu socorro você deve recorrer à criatividade, dosando adequadamente as manifestações de carinho e amor entre vocês. E vocês têm muitos campos de ação nesse sentido: os planos em comum e a parceria nos projetos; o aprimoramento da amizade e companheirismo; os momentos de intimidade e o amor sexual; determinar um tempo diário de dedicação e contato a dois; programar jantares românticos em restaurantes especiais e refinados; ficar em casa, fazer uma boa comida, ver televisão juntos, assistir a um bom filme romântico em DVD; sair com amigos e se beneficiar de suas experiências, evitando um relacionamento fechado a dois; fazer viagens em algum final de semana do mês; cuidar de sua aparência, não somente para você ou suas atividades, mas principalmente para ele, exigindo reciprocidade; demonstrações simples e pontuais de afeto no dia a dia, entre tantas outras ações tão benéficas para manter o romantismo em alta.

• Faça planos e sonhe sempre! As relações no trabalho e as relações conjugais amadurecem e exigem sempre inovações. E, para não cair nas teias de uma rotina enfadonha, o casal tem que exercer toda a sua competência quanto à criatividade. Assim, fazer planos para um futuro próximo e sonhar com objetivos mais de médio prazo despertam um espírito de luta por objetivos comuns e fazem com que o casal "rejuvenesça". Vamos fazer planos, como a reforma da casa, a substituição dos móveis, a compra de um aparelho de TV de tecnologia de ponta, a substituição do computador por outro de última geração, a viagem para o Nordeste do Brasil? Ou sonhos em médio prazo, como a compra de um carro importado, a troca do apartamento por uma casa em um condomínio fechado? Os planos e sonhos de vida conjuntos permitem que o casal viva compromissado e feliz na busca de objetivos que querem alcançar juntos.

• Mantenha sempre um diálogo franco e aberto. Não adie

a discussão de problemas e frustrações um com o outro. Esclareça as dúvidas e fique em paz! Os ajustes no casamento só são obtidos por meio de muito diálogo, até que se chegue a um consenso. Evite, nesse momento, interferências externas, principalmente de parentes próximos. Converse sempre sobre o que estão sentindo, evitando mentir ou esconder acontecimentos que geraram mágoas. Cada um deve saber reconhecer seus erros e saber ceder. O fundamental é um diálogo aberto e transparente. Converse com naturalidade tão logo os problemas apareçam, não acumule os problemas para uma discussão mais para frente, quando a maioria deles já está resolvida. Aborde suas vontades sempre com educação e carinho. Discuta os pontos de melhoria, porém sem um diminuir, humilhar ou desqualificar o outro. Mantenha respeito – respeito é bom e todos gostam! Não cobre perfeição em tudo; respeite as limitações.

• Respeite a privacidade, o espaço e os momentos de solidão. Todos nós precisamos de tempo e espaço para ficar a sós e cuidar do que queremos cuidar ou fazer o que queremos fazer. A vida a dois não pode caminhar para a anulação. A individualidade deve ser preservada e respeitada. Não podemos esquecer que amor não significa posse, perda da liberdade. Mantenha e desenvolva a confiança e, assim, será mais fácil respeitar a privacidade e os momentos em que o parceiro ou a parceira querem ficar a sós.

• Desenvolva amizade e afinidade. Diferenças de opiniões e divergências geram desavenças. Temos que reconhecer que viver com outra pessoa não é fácil e pode ser até estressante. No calor da paixão, podemos até gostar dos opostos, mas o amor prefere as afinidades. Quanto mais valores e objetivos em comum, maiores proximidade e afinidade terá o casal. E não descuide da amizade. É através dela que você terá maior compreensão, paciência e será mais tolerante com as diferenças.

• Entenda que é possível conciliar expectativas e comportamentos diferentes em um casamento. Você, como ele, tem suas próprias necessidades, das quais não abrirá mão. Geralmente, quando são discutidas em uma relação, trazem conflitos e insatisfações. Assim, não crie falsas expectativas de que todas as suas necessidades devem ser preenchidas por seu parceiro. O parceiro ideal é aquele que respeita as diferenças individuais.

• Aceite o conceito de que estar junto todo o tempo pode não ser bom para a relação. O casamento não é uma sociedade simples, uma vez que um ser humano em si já é complicado, mais complicado ainda quando se casa. Nada de errado em você fazer um cruzeiro com amigas, em um passeio de que ele não gosta, assim como ele fazer uma viagem com amigos na mesma situação. Lembre-se de que lealdade e confiança são os dois principais alicerces do casamento. Essas ausências são salutares e farão com que você e ele reflitam sobre a relação, sintam saudades, relaxem das tensões naturais da vida em comum.

• Não deixe que as discussões que certamente aparecem ou aparecerão no casamento contaminem a relação. Lembre-se de que, na maioria delas, vocês não chegarão a um consenso! Nesses momentos, ambos devem se esforçar para evitar a agressividade na voz e nos atos, culminando em agressões mútuas. Crie o hábito e até negocie esse comportamento antes do casamento, de apresentar argumentos com inteligência, ponderação e principalmente capacidade de empatia (colocando-se no lugar ou posição do outro). O modo como uma pessoa faz uma crítica pode ser mais grave do a própria crítica em si. Nunca menospreze, humilhe, use de sarcasmo em suas discussões com o parceiro. Isso normalmente gera desgastes sérios no relacionamento. Procure ser moderador, buscando "incluir-se" no problema em comum. Busque sempre uma discussão sincera e que objetive resultados de melhoria nas relações, sem se manter na defensiva.

A felicidade conjugal é um projeto de vida, uma construção permanente, que demanda tempo, paciência, investimento e, acima de tudo, muito amor. O amor é a base principal para o sucesso conjugal. A longevidade de qualquer casamento firma-se nessa base. Sem amor, as estruturas do casamento ficam abaladas. Com amor, o casal supera obstáculos, vence desafios e fortalece a família. É importante que os dois:

• Aprendam a valorizar as pequenas coisas; elas é que fazem as grandes diferenças.
• Tenham cuidado com a rotina.
• Não percam o encanto e a atração.
• Sejam carinhosos.
• Tenham compreensão mútua.

- Mantenham o respeito.
- Não percam a confiança e façam tudo para merecê-la.
- Sejam humildes nos erros e orgulhosos nos acertos.
- Sejam sinceros, nunca abrindo espaço para a mentira.
- Mantenham sempre um diálogo franco.
- Aprendam os benefícios da renúncia.

IV

ANÁLISE DE SITUAÇÕES INDIVIDUAIS – CONSULTAS E PARECERES

Enquanto desenvolvia este trabalho, recebi diversos e-mails com consultas de pessoas interessadas em esclarecer suas dúvidas com relação a situações pessoais pertinentes ao tema. Assim, estou respondendo em aberto a vários desses e-mails, para que todos possam melhor acompanhar questões importantes suscitadas pelas **técnicas de RH aplicadas a seleção de marido.**

Consulta: *Eu sou uma mulher jovem e tenho planos para me casar. Como devo escolher um homem em que eu possa confiar sempre e ter a certeza de que ele nunca, nunca mesmo, deixará de ser fiel? Para mim, fidelidade é tudo em uma relação estável, e eu não aceitaria me casar com nenhum homem em que não tivesse confiança neste aspecto. Acenda uma luz em meu caminho matrimonial!*

Parecer: Eis uma resposta que é muito difícil de ser dada. Mas talvez alguns comentários possam representar a luz que tanto procura. Que homem você está procurando? Um homem com "cara de marido" ou um "galã sarado" e disputado por muitas mulheres? Um homem com "cara de marido" pode ser aquele rapaz um tanto tímido, responsável, dedicado no trabalho, que estuda à noite para progredir no emprego, que se joga no trabalho para conseguir bons registros de desempenho e ser bem conceituado na empresa, é simpático, mas não bonito, e não é disputado pelas mulheres em geral por seu porte físico. Até uma discreta barriga e um início de calvície podem já estar presentes. É uma pessoa muito amável, trata muito bem seus pais, valoriza sua família, não se descontrola e considera a mulher como uma flor a ser muito bem cuidada. Se ele frequenta uma academia, é somente para manter certo preparo físico que o ajude a aguentar sua rotina de estudo e trabalho.

Já o outro, o "galã sarado", dispensa maiores comentários. Geralmente se deixa dominar pelo narcisismo e se preocupa muito mais com sua beleza física do que com sua beleza interior. Minha amiga, não tenha dúvida de que o segundo caso tem muito mais probabilidade de ser infiel em plena vigência do casamento. Já o primeiro pode até correr algum risco, mas será menos comum. Eu conheci, de verdade, uma situação assim em um dos meus empregos. O gerente de treinamento internacional, um colombiano, trouxe sua esposa em sua visita ao Brasil. E o impacto na empresa foi enorme. Ele era casado, nada mais nada menos, com a Miss Colômbia! E esse gerente se enquadra perfeitamente na descrição que fiz do homem com "cara de marido". Entretanto, a discrepância entre o tipo comum que ele representava e a beleza estonteante de sua esposa era tão flagrante que eu me atrevi a comentar com ela: "O casal causou muito boa impressão nos funcionários da empresa no Brasil. Mas posso lhe falar uma coisa? Muitos funcionários estão estranhando uma mulher com sua beleza se casar com um homem, digamos, tão diferente!". E ela me respondeu com a maior tranquilidade: "Eu estava procurando um homem para ser o pai de meus filhos e não um artista de cinema!". E foi em sua resposta que me inspirei para identificar esses dois tipos. Em seguida, ela deu as qualidades que via em seu marido, exatamente como descrevi anteriormente. Ajudou, minha amiga?

Consulta: *Eu sou jovem, solteiro e acho que chegou a hora de pensar seriamente em casamento. Porém, só me apaixono por mulheres com um belo corpo, lindas pernas e seios enormes. Assim, fico preocupado se não vou "arrumar chifre para minha cabeça", uma vez que ela é muito badalada na empresa em que trabalha. Na verdade, não me preocupo muito se combinamos em gênio e personalidade e se ela tem os atributos para ser uma boa administradora da casa e até uma boa mãe. Para mim, se eu me identificar na cama, já me apaixono pela mulher. Será que estou no caminho errado?*

Parecer: Acho que você pode estar no caminho errado com relação a escolher uma mulher para ser sua esposa e companheira. Eu tenho um amigo que me diz sempre: "A mulher boazuda de hoje será a gorda de amanhã!". E esse meu amigo ainda costumava aconselhar: "Dê uma olhada na mãe da mulher boazuda. Muito provavelmente ela ficará do mesmo jeito da mãe!". O risco, no caso, é a pretendente olhar para o seu pai e projetar como você será no futuro! De qualquer forma, se você escolher a mulher somente pelos seus predicados físicos atuais enquanto jovem, com certeza não terá uma esposa assim sempre. E aí, como fica? Você desprezou análises importantes, como compatibilidade de gênio e personalidade, atributos para uma boa administradora do lar e, o que também é importante, qualidades para ser uma boa mãe. Da mesma forma que o caso anterior, eu o aconselharia a procurar uma mulher com "cara de esposa", ou seja, uma mulher delicada, elegante, que não se preocupa demasiadamente com sua vaidade, que não se veste e anda visando chamar a atenção dos homens, que valoriza o lado humano da vida, o patrimônio intelectual, que seja meiga, discreta, atenciosa, que tenha conteúdo no que fala, que não goste de vulgaridades, prefira o lado sério e responsável da vida, que tenha um carinho muito especial pelos seus pais, que goste de crianças. Mesmo que ela seja magrinha, corpo padrão, seios suficientes para amamentar, não linda e que use óculos com muitos graus! Além do mais, se você optar pela mulher objeto, aquela do corpo escultural, belas pernas e seios fartos e nada mais, quem pode lhe garantir que ela não vai exercer esse seu poder de sedução para atrair um colega de trabalho melhor do que você? Mesmo casada...

Consulta: *Eu sou jovem e tenho um namorado bem fora dos padrões esperados, principalmente pelos meus pais. Ele tem tatuagem por todo o corpo, usa piercings, tem um físico sarado e gosta muito de uma bebida, sem falar de maconha e sabe lá Deus o que mais para ficar turbinado. Gosta de dançar* funk *e é muito alegre. Eu me divirto muito com ele. Depois de uma semana intensa de trabalho, o meu final de semana com ele é altamente gratificante e eu recupero minhas energias. É um grande amante e superativo. Vamos a mil e um lugares. No domingo à noite estou exausta, mas feliz e pronta para mais uma semana de trabalho. Agora estamos falando de planos de casamento. Será que vai* *dar certo? Minhas amigas e meus pais dizem que vou fazer uma loucura. Será? Eu tenho a esperança de que o casamento e meu amor o farão mudar, transformando-o em um bom marido e um bom pai. O que o senhor acha?*

Parecer: Francamente, eu acho que você deveria "cair na real" e ouvir mais os seus pais e amigas. Se você está aceitando seu namorado como marido da forma como ele é, tudo bem! Esse é um direito seu, desde que pronta para assumir as consequências. Entendo que tenha definido seus requisitos e competências dessa forma. Mas se você está acreditando que o casamento e seu amor, melhor dizendo "amor cego", o farão mudar, e você quer que ele mude, morra de vontade! Salve-se enquanto é tempo! Dessa forma, entendo que ele estava fora de sua lista de requisitos e competências!

Consulta: *Eu já fiz meu Mapa de Requisitos e Competências para selecionar bem o meu futuro marido. Estou incluindo 20 requisitos e competências. Mas até agora, e veja que já se passaram mais de dois anos, não apareceu ninguém que preenchesse uma parte razoável desses requisitos e competências. Eu não estou estudando no momento, trabalho como assistente de contabilidade em um escritório e moro em um bairro simples da cidade. Será que estou fazendo alguma coisa errada? Oriente-me, por favor, na busca de um marido certo para mim!*

Parecer: Veja bem, em seu caso, podem estar ocorrendo duas coisas – talvez não esteja explorando as "fontes de recrutamento" adequadas ou está com um Mapa de Requisitos e Competências acima do padrão para as "condições de contratação" que você está oferecendo aos pretendentes à importante posição de seu marido. Isso acontece também em várias empresas. Uma hora a empresa procura um supervisor importante apenas divulgando a vaga em uma placa na portaria (erro quanto à fonte de recrutamento), ora ela estabelece requisitos e competências de excelente nível, mas não têm boas condições de contratação, como salário baixo, poucos benefícios, ambiente de trabalho que deixa a desejar, poucas oportunidades de progresso profissional (erro nas condições de contratação).

Na seleção de um talento humano para uma empresa, ou na

seleção de um marido, é preciso trabalhar em um quadro de realidade. Eu tenho boas "condições de contratação" a oferecer para um "candidato" que preencha os requisitos e as competências que estou exigindo? Faça uma análise nessas duas áreas. É como falei no início: ou você está errando na fonte de recrutamento (está procurando somente na vizinhança, na escola ou em seu trabalho) ou você está exigindo requisitos e competências para um "candidato a marido" que não vê "boas condições de contratação" de sua parte. Se esse for o caso, você terá que baixar o seu nível de expectativa, revendo seus requisitos e competências. As empresas fazem a mesma coisa!

Você não está entendo a analogia que está sendo apresentada aqui? Então vamos ser mais claros: o marido que você está procurando não tem coragem de passar pelo bairro onde você mora em razão de ser uma área de grande violência e estar muito próximo da periferia. Além disso, seu círculo de relacionamento é limitado, uma vez que trabalha em um pequeno escritório contábil e não está estudando no momento (erro na "fonte de recrutamento") ou o marido que você está procurando é muita areia para o seu caminhãozinho (erro nas "condições de contratação"). Entendeu agora, minha querida?

Consulta: *Eu estou casada e prestes a processar o "desligamento" de meu marido. Não deu certo. Talvez eu tenha me enquadrado no tipo de casamento com base no "amor cego". Reconheço isso agora. Mas estou com uma dúvida. O que as empresas fazem quando os talentos humanos contratados de acordo com as técnicas e procedimentos de RH não passam do período de experiência ou são desligados alguns meses após a contratação? Elas reiniciam o processo da mesma forma, voltando ao Passo 1? Essa orientação é importante para que eu possa saber o que fazer agora, já que voltei à estaca zero!*

Parecer: Sim, as empresas reiniciam o processo a partir do Passo 1. Mas lembre-se de que, no Passo 1, a empresa analisa a necessidade de contratação. Assim, quando o funcionário contratado não passa na experiência ou é desligado alguns meses depois da contratação, a empresa reavalia a necessidade de manter a contratação ou mesmo cancelar a vaga. Isso ocorre em função da dinâmica dos negócios da empresa, uma vez que ora estão favoráveis, ora passam por retrações. Outro ponto: se mantida a necessidade de contratação, a empresa ainda revê se os requisitos e competências devem ou não ser alterados, bem como se as condições de contratação deverão ser mantidas ou alteradas. O mesmo procedimento deve ser seguido por você.

Assim, avalie novamente a necessidade! Você realmente quer arrumar um novo marido? Ou está experimentando o gosto e os prazeres do *free again*? E quanto aos requisitos e competências? Caso decida fazer uma nova contratação de marido, você manterá os requisitos e competências originais? Ou deve alterá-los de forma que fiquem mais simples ou mais rigorosos? Agora avalie também suas "condições de contratação". Como você está neste aspecto? Julga que está oferecendo aos seus candidatos "boas condições de contratação"? Como se diz popularmente: "Você tem bala na agulha?".

Bem, espero ter ajudado. E não se apresse nessa decisão, além de meditar bastante sobre o que quer na vida. Algumas mulheres optam pelo estilo "cueca no cabide", e não "na máquina de lavar roupas" nesse momento!

Consulta: *Eu estou divorciada há dois anos e meio. Meu ex-marido vem me procurando para reatar nosso casamento. Diz que a família precisa ser recomposta, principalmente pelos dois filhos que temos. Nesse período, ele se amasiou com outra mulher e praticamente gastou toda sua parte em dinheiro viajando com ela pelo mundo todo. Fez viagens antes prometidas a mim e não realizadas. Parece que agora sua amante vem mostrando sinais de que não quer continuar. Talvez pelo fato de ele não estar mais em condições de sustentar os seus desejos e prazeres materiais. Ele se separou de mim por causa dela. Confesso que, na verdade, eu sempre o amei e juro que não foi um "amor cego". Ele preencheu todos os meus requisitos e competências para a seleção do marido. Dizer que não o amo mais seria uma mentira. Por outro lado, organizei minha vida sozinha com meus dois filhos. Estudei, me apliquei no trabalho e fui até promovida. Eu nunca quis pensão alimentícia dele. Como devo tratar esse problema? Devo dar-lhe uma segunda oportunidade? Como as técnicas de RH resolveriam esse meu dilema? Agradeço demais seus conselhos.*

Parecer: Este é um caso típico de "análise de readmissão". Várias empresas adotam uma política de não permitir readmissões de funcionários que se desligaram da empresa, quaisquer que sejam os motivos. Outras, entretanto, o fazem adotando uma política muito criteriosa, tais como avaliar se existem vagas compatíveis com o cargo deixado pelo ex-funcionário; se ele teve um bom desempenho nos cargos anteriormente ocupados na empresa, tomar referências pessoais e profissionais com seus ex-supervisores; verificar com o setor jurídico se ele não acionou legalmente a empresa e tem algum processo judicial pendente; pedir ao setor de contabilidade para checar se ele deixou débitos não saldados. Outro ponto importante é a análise de suas atividades no período em que esteve fora da empresa e pesquisa de referências, caso ele tenha trabalhado em outras empresas.

Montado todo esse processo de readmissão, a aprovação final segue para o departamento requisitante que dá o parecer final. O gerente do departamento requisitante julga se a readmissão do ex-funcionário será benéfica para o setor, em termos de ambiente e produtividade ou se eventualmente será um mau exemplo aos demais funcionários. Muitas empresas têm históricos de que um funcionário readmitido tende a sair da empresa novamente! Alguns funcionários readmitidos "contaminam" o ambiente de trabalho com frases como "imploraram para eu voltar!", "eu nem queria voltar, mas me procuraram em casa dizendo que estava fazendo falta no departamento". E mesmo frases atrevidas como "o departamento não vive sem a minha presença!". Mas a verdade tem que ser dita... Em muitos casos, a readmissão resultou em um retorno feliz para o empregado e a empresa, sendo o readmitido recebido de braços abertos pelos ex-colegas e ex-supervisores. Muitos ficam extremamente agradecidos pela nova oportunidade dada pela empresa, principalmente os funcionários readmitidos que vieram de amargas experiências com empregadores anteriores – esses costumam retribuir com muita dedicação e empenho em seu novo trabalho. Ajudou, minha amiga?

Consulta: *Eu namoro um rapaz há dois anos e meio. Nesse período, tenho tido boas oportunidades de avaliar quanto ele preenche os requisitos e competências que estabeleci para a seleção de um marido. Confesso que fui um pouco ambiciosa no estabelecimento desses requisitos e competências, mas estou disposta a ceder em alguns pontos. Entretanto, essa fase de entrevista, digo, de namoro, mostrou-me que ele deixa a desejar* *em requisitos e competências importantes para mim. Mas não a ponto de descartá-lo como um candidato. Acontece que surgiu um novo candidato em minha vida e está interessado em um namoro comigo. Conheci-o na faculdade. Ele sabe que tenho namorado, mas vem mostrando um carinho e atenção comigo que estão balançando minhas estruturas. Assim, admirável guru, pergunto: uma empresa considera outro candidato quando já está em seu processo de seleção muito avançado com outro com quem estava prestes a fechar a contratação? O que aconselha no meu caso? Eu não quero errar, mas também não quero machucar o meu atual namorado. Mas o outro candidato, meu Deus, é muito interessante!*

Parecer: A empresa não tem dificuldade alguma em considerar um novo candidato potencial para uma posição, desde que não tenha dado aprovação final a outro candidato. Ainda mais que, uma vez dada a aprovação, em muitos casos, o candidato aprovado estará acionando o seu desligamento na outra empresa. Assim, não há como voltar atrás. Porém, se não houve, ainda, essa aprovação e comunicação final ao candidato sob análise, a empresa considera, sim, e sem maiores dificuldades, outro candidato. E não raras vezes o candidato que surge na fase final do processo acaba ganhando a posição, desde que comprove que é superior ao candidato número um na triagem. Mas isso não causa maiores traumas sentimentais à empresa e às pessoas envolvidas na seleção, uma vez que o objetivo da empresa é sempre escolher o melhor candidato. Entretanto, quando se trata de namoro em curso e surge outro namorado em potencial, você não poderá fazer o jogo duplo como muitas mulheres fazem. Além de não ser ético e honesto, isso pode colocá-la em risco quanto à sua integridade física. Assim, vejo somente uma saída. Antecipe sua avaliação quanto aos requisitos e competências estabelecidos com relação ao seu atual namorado. Se a tendência for pela não aprovação, rompa o namoro ou "peça um tempo indeterminado" a ele. Aí você poderá voltar suas atenções para o novo candidato que, muito provavelmente, poderá atender aos requisitos e competências esperados. Quantos casos nós conhecemos de uma mulher casar com o amigo do namorado, com o irmão do namorado, com o primo do namorado? Essas coisas acontecem...

Consulta: *Seguindo suas técnicas, eu identifiquei a necessidade de formar uma família, defini os requisitos e competências para o marido certo para mim, elaborei meu Guia de Entrevista, acionei as fontes de recrutamento ao meu alcance e me preparei para receber e conhecer os candidatos a meu marido. Acontece que até agora nenhum candidato certo se apresentou! O que estaria ocorrendo? Onde estou errando?*

Parecer: Isso acontece com alguma frequência nas empresas também. As fontes de recrutamento são acionadas e não aparecem candidatos e, se aparecem, estão longe de preencher os requisitos e competências exigidos. No caso, onde a empresa poderá estar errando? Das três hipóteses, uma – nas fontes de recrutamento, no rigor dos requisitos e competências ou nas condições de contratação. O mesmo poderá estar acontecendo com você, amiga. Você pode estar procurando, como dissemos anteriormente, na sua vizinhança, no trabalho ou na escola. E seu príncipe encantando pode estar em um cruzeiro marítimo! Assim, estaria errando nas fontes de recrutamento. Você pode estar trabalhando com requisitos e competências muito elevados e quase impossíveis de serem cumpridos. Ou, ainda, as "condições de contratação" oferecidas por você não estão competitivas, comparadas aos requisitos e competências muito elevados que você estabeleceu. Avalie e reveja esses três itens. Com certeza, encontrará em um deles – ou em todos – a resposta para o seu problema.

Consulta: *Você mencionou, como um dos métodos de entrevista, a dinâmica de grupo. O que é exatamente isso? Eu posso aplicar a dinâmica de grupo na seleção do marido? Como faço isso?*

Parecer: Não, não vejo como você poderia aplicar a dinâmica de grupo na seleção do marido. Para tanto, você precisaria ter identificado no mercado um grupo de candidatos a marido – algo em torno de 10 – no mesmo processo de seleção para poder se utilizar desse método. As empresas adotam a dinâmica de grupo em alguns casos, como seleção de *trainees* e estagiários, para que todos possam participar de programas de formação de líderes, por exemplo. A dinâmica de grupo consiste em uma entrevista coletiva com todos os candidatos, divididos em grupos de 10-12 pessoas, em que um grupo de selecionadores, por volta de três a cinco, promove uma discussão em grupos sobre temas previamente selecionados. As questões são lançadas, e os candidatos são livres para responder a elas. Assim, os entrevistadores analisam o comportamento de cada um, registrando os que lideram o grupo, os que são passivos e tímidos, os que atropelam a exposição de um colega, os que mostram mais criatividade e iniciativa, os que têm mais experiência, os que mostram mais vocação para a vaga e outros fatores que comprovem o preenchimento dos requisitos e competências estabelecidos para a atividade de *trainee* e estagiário. Para os cargos regulares, não é comum a adoção da dinâmica de grupo, uma vez que os candidatos querem manter o sigilo de sua aplicação no processo de seleção da empresa. Mesmo que você, minha amiga, conseguisse reunir um número expressivo de candidatos a marido, seria muito difícil, delicado e até constrangedor colocar algumas questões para que eles respondessem coletivamente. Entretanto, você pode fazer uma dinâmica de grupo ao contrário, ou seja, somente um candidato a marido e um grupo de selecionadoras, como suas melhores amigas. Algo como chamá-lo para conhecer suas melhores amigas, em um ambiente descontraído, no qual elas colocariam suas questões associadas aos requisitos e competências que você determinou e bombardeassem o corajoso candidato a se expor coletivamente. Ao final, você e suas amigas poderiam trocar ideias, perguntando – "E então? O que acharam dele? Vocês me viram casada com um homem assim? Que aspectos positivos e negativos vocês notaram? O que mais chamou sua atenção?" –, além de muitas outras perguntas. Se você conseguir fazer isso, terá grandes e importantes *inputs* para sua consideração.

Consulta: *Confesso que, antes de me casar, fiz algo parecido com suas sugestões. Eu tinha alguns requisitos e competências em mente que gostaria de ver preenchidos pelo meu futuro marido. Na verdade, nada tão metódico. Fiz por instinto feminino. Mesmo assim, meu pretendente não atendeu a todos os requisitos e competências que eu havia estabelecido, mas me casei com ele. Meu casamento já dura três anos e a realidade está se apresentando bem clara na frente do meu nariz – cometi um erro de seleção. Entretanto, até conseguiria ir em frente se ele abandonasse o vício da bebida e parasse de ficar com os amigos até tarde da noite aos finais de semana.*

Como ele é um bom trabalhador e não deixa faltar nada em casa para mim e para os meus filhos, estou pensando em utilizar a alternativa da probation evaluation. *Acho que ele merece uma oportunidade. Infelizmente, sinto que não o amo mais. Não sei se realmente o amei de verdade um dia. Cheguei a falar de termos uma* probation evaluation, *mas ele levou na brincadeira, me perguntando: "O quê? Uma* rebolation*?". E começou a dançar o* rebolation, *já que estava com umas pingas na cabeça. Minha pergunta é a seguinte: uma vez que estou decidida a aplicar a avaliação de provação no meu marido, posso ou devo iniciar o recrutamento de outro pretendente dentro de requisitos e competências mais completos e que espelham melhor meus ideais de marido no período em que eu estabelecer para a avaliação de provação?*

Parecer: Muitas empresas de fato iniciam um processo que chamam de "recrutamento preventivo" quando aplicam a *probation evaluation* a um funcionário, principalmente se ele ocupar um cargo importante e estratégico na organização. Como o processo de recrutamento e seleção pode levar meses, as empresas adotam o recrutamento preventivo, principalmente quando nutrem poucas esperanças na recuperação do funcionário sob provação. Assim, quando desligarem o funcionário, caso ele não tenha mesmo demonstrado capacidade de se recuperar, outro já estará pronto para ocupar o seu lugar. Entretanto, em se tratando de relações conjugais, essa prática não seria recomendável pelas regras da sociedade, apesar de muitas mulheres procederem desse modo. Seria uma prática que seu atual marido não aceitaria e poderia até reagir com instintos de violência. No máximo, a leitora poderia testar suas "condições de contratação" com paqueras platônicas, sem compromissos e encontros.

Consulta: *Eu gosto de namorar e ainda não estou à procura de marido. Assim, me vejo liberada de estabelecer tantos requisitos e competências para aceitar um convite de namoro. Gosto sempre de ter um homem ao meu lado. Como não curto sair e passear sozinha, não tenho tanto rigor na seleção de namorados. Claro que, se um dia, eu resolver me casar, observarei em grande parte as técnicas de RH aplicadas a seleção de marido aqui sugeridas. Mas no momento, não. O que* *você acha disso? Posso estar cometendo algum erro? Ou essa experiência com vários namorados até refinará meus critérios de seleção de um futuro marido?*

Parecer: Você passa a impressão de que sabe bem o que quer da sua vida amorosa. No momento, entendo que está querendo mais curtir a vida, sem o compromisso de pensar em casamento em curto prazo. Acredito que essa experiência com vários namorados vai lhe trazer um *know-how* sobre homens acima da média de suas amigas que não são tão namoradeiras quanto você. Mas você pode ser vítima do casamento por "amor cego". Como? Apaixonando-se por um desses seus namorados encontrados com facilidade na rua onde mora, na escola, em seu trabalho, em uma festa qualquer, uma vez que diz não estar atenta a tantos requisitos e competências para sua escolha. Cega de amor, você aceitará o convite de casamento e ficará, como tantas outras, cheia de esperança de que seu amor será suficiente para que ele, no tempo e no espaço, adquira os requisitos e competências desejados por você para um marido. Entretanto, isso pode não acontecer, e muito provavelmente não acontecerá. E aí, nem o *probation evaluation* funcionará. Nessa, então, quem vai dançar o *rebolation* será você! Pense nisso!

Consulta: *Eu entendo que as empresas fazem esforços para manter e aprimorar suas condições de contratação visando manter e atrair os talentos humanos de que precisam. Mas, no caso das mulheres, o tempo não corre contra nós nesse aspecto? Com o avançar da idade, enfrentamos vários problemas normais – engordamos, ganhamos algumas celulites, os seios perdem sua rigidez, as rugas aparecem, os lábios ressecam, os cabelos perdem o brilho... Assim, não perdemos nossa competitividade no acirrado mercado de maridos certos, além de diminuir nossas possibilidades de reter o que temos? Eu creio que essa é uma aflição de muitas mulheres casadas. Qual sua orientação?*

Parecer: Eu entendo com facilidade a sua preocupação. Entretanto, lembre-se de que cada empresa tem as suas condições de contratação diferenciadas em distintas épocas de sua existência e que sofrem alterações quanto ao seu "poder de fogo" conforme as contingências do ramo de negócios em que atuam e os resultados que conseguem gerar. Assim, podemos ter uma empresa que, em determinada época, se permitia ter excelentes condições de contratação, como salários elevados e uma ampla gama de benefícios, além de excelentes condições de trabalho. Mas, em outra, pelo panorama de negócios não estar favorável e pelos resultados operacionais caírem para um patamar baixo, ela se vê obrigada e baixar salários, cortar benefícios e até diminuir algumas condições de trabalho. Assim, a empresa passa a disputar os candidatos no mercado de trabalho com condições de contratação menos favoráveis. E o que acontece nesses casos? Ela tem que rever o rigor e a complexidade de seus requisitos e competências, aceitando como bons os candidatos que não aceitaria em sua época mais favorecida nos negócios e resultados operacionais. Em decorrência disso, essa mesma empresa fica vulnerável a perder alguns talentos para a concorrência, que ainda oferece melhores condições de contratação. Permanecem em seu quadro de pessoal os funcionários mais antigos de casa, os mais fiéis e, infelizmente para a empresa, os mais acomodados e menos capacitados. Essa é a lei dura do mercado.

No seu caso, sendo casada, você deve manter sua maior preocupação em reter o seu marido e mantê-lo motivado e satisfeito, certo? Assim, lembre-se de que o tempo está passando igualmente para o seu marido. Ele com certeza está experimentando as mesmas transformações naturais da idade. Além disso, as boas relações e estabilidade conjugais não se baseiam somente nos atributos físicos. Igualmente, as boas relações no trabalho não se baseiam somente em salários e benefícios. Como já expusemos anteriormente, há inúmeras iniciativas para manter e aprimorar as boas condições de trabalho, ou melhor, as boas condições domésticas para a continuidade do casamento. Você agora é mais experiente e saberá manter o feitiço, o charme e os atrativos do casamento, um ambiente doméstico alegre e acolhedor, com todos os requisitos e competências que fizeram com que você o escolhesse e que os uniram. Seu marido não será tão pretensioso a ponto de achar que continua sendo um "candidato excepcional" no mercado de oferta de maridos, em vista das marcas do tempo que também estará carregando.

De qualquer forma, com o passar do tempo, se não conseguir retê-lo (ou até nem fizer mais questão de retê-lo a essa altura do campeonato), caso você decida voltar ao mercado, lembre-se de que deverá estar ciente de suas novas condições de contratação, que muito provavelmente estarão diminuídas, e aceitar relaxar e reduzir suas expectativas para os seus requisitos e competências. Assim, os candidatos serão em número menor e talvez em padrão abaixo do que você tinha condições de conseguir anos atrás. Igualmente, essa é a lei dura do mercado de maridos também para você.

Consulta: *Eu achei ótima a ideia de sentar com meu marido após os seis meses de casamento e fazer o que você chamou de* avaliação de desempenho. *Fomos a um agradável restaurante para um jantar, em comemoração à data, e iniciei a conversa nesse sentido, procurando saber o que ele estava achando de mim nestes primeiros seis meses de casados, quais os meus pontos positivos e os pontos que ele achava que eu poderia melhorar. Ele fez comentários positivos e apresentou poucos pontos de melhoria, com os quais concordei. Em seguida, como você havia antecipado, ele fez a pergunta de volta. Seguindo o método, apresentei meus comentários ressaltando seus pontos fortes e vários pontos que eu achava que ele poderia melhorar. Porém, não notei muita receptividade dele quanto a esses pontos de melhoria. Na avaliação do primeiro ano de casamento, repetimos o ritual e pude confirmar que ele definitivamente não gosta de ouvir e não aceita críticas. Assim, não progredimos nesse sentido e não criamos um clima de diálogo para aprimorar e solucionar vários e importantes pontos de melhoria da parte dele e que seriam importantes para as nossas boas relações no casamento. E agora, como devo proceder? O que as empresas fazem quando o funcionário não aceita as críticas quanto aos seus pontos de melhoria e, consequentemente, não se dispõe a colaborar e fazer esforços para sua correção. Senti que a avaliação anual de dois anos de casamento não será nada fácil neste aspecto.*

Parecer: As empresas enfrentam o mesmo problema de vez em quando com funcionários que se autoavaliam acima da avaliação de seus supervisores diretos. Entretanto, nas empresas, a situação é bem diferente da sua, uma vez que o comando do funcionário está com o supervisor e ele tem autoridade para melhor enfrentar essa situação. Nas empresas, um supervisor procurará insistir para que o seu funcionário compreenda os seus pontos de melhoria e os aceite para que, em conjunto, elaborem um plano de correção desses desvios. Se o funcionário continuar insistindo, o supervisor vai alertá-lo, com toda energia e firmeza, de que espera que ele corrija esses pontos para que o contrato de trabalho continue vigorando, ou seja, "se não melhorar, está na rua".

Apesar de o seu caso ser diferente da situação de uma empresa, acho que deve deixar claro ao seu marido que você mantém uma expectativa e a esperança de que ele compreenda suas razões para os pontos de melhoria levantados ou a convença do contrário em um diálogo sincero, franco e aberto. Além disso, peça que faça um esforço para sanar esses pontos de melhoria, uma vez que você está sempre atenta para manter as melhores relações no casamento e não gostaria que essas relações sofressem abalos que pudessem colocar em risco a união do casal. Para um bom entendedor, meia palavra basta...

Consulta: *Eu estou casada há mais de dez anos. Na verdade, não fiz uma seleção racional, com estabelecimento prévio de requisitos e competências. Mas também não casei sob o efeito do "amor cego" ou "paixão cega". Eu, sinceramente, achava que tinha acertado na escolha do marido. Entretanto, noto nesses dez anos de casamento que poderia ter selecionado um marido melhor. Hoje, se fosse estabelecer requisitos e competências, creio eu que ele não passaria no processo de recrutamento. Entretanto, meu casamento não está em crise e poderia continuar dessa forma, apesar de algumas frustrações. Assim sendo, como devo agir? Continuar com meu marido, aceitando todas as consequências dos requisitos e competências não preenchidos, ou reiniciar o processo de recrutamento de um novo marido? Na verdade, estou perguntando isso porque apareceu um candidato melhor e que, à primeira vista, preenche mais os meus atuais requisitos e competências. O que as empresas fazem? Quando surge um profissional melhor no mercado, elas desligam um funcionário que está deixando a desejar quanto à sua capacidade de atender aos requisitos e competências do cargo, apesar de não ter um desempenho, ainda, que justifique seu desligamento?*

Parecer: Bem, as empresas agem de duas formas. Há as que têm um limite de tolerância menor com funcionários que deixam a desejar quanto ao preenchimento de requisitos e competências, apesar de apresentarem um desempenho satisfatório que justifique a sua permanência na empresa. Essas empresas têm como filosofia um contínuo aprimoramento do nível do quadro de pessoal e não aceitam desempenho que não esteja acima da média ou a falta de capacidade para evoluir profissionalmente. Outras, ao contrário, são mais tolerantes em relação a funcionários que não preenchem todos os requisitos e competências do cargo, mas apresentem um desempenho mínimo que os mantém no cargo. Essas empresas procuram desafiar o funcionário a melhorar através de esforços pessoais e planos de treinamento, mas dão mais tempo para que isso ocorra. Assim, enquanto o funcionário tiver boa vontade pessoal, apesar de não ter capacidade pessoal para evoluir, as empresas vão "administrando" a situação. Entretanto, em momentos de crises nos negócios, esses funcionários são os primeiros a entrar na lista de corte.

No seu caso, eu diria que, se seu marido for um homem bom, de boa vontade, lhe dá um tratamento carinhoso, é um companheiro com o qual você pode contar no seu dia a dia e reúne outras qualidades que "o mantêm no cargo", você poderia considerar a alternativa de manter o casamento, apesar da limitação dele de atender a todos os requisitos e competências desejados por você. Isso tudo vai depender do seu grau maior ou menor de tolerância.

Consulta: *Confesso que estou um pouco envergonhada de fazer esta pergunta. Mas, seguindo as orientações do livro, desenvolvi a lista de requisitos e competências para a seleção do marido certo para mim. Acontece que, após acionar várias fontes de recrutamento, eu identifiquei um candidato ideal – o marido de minha melhor amiga. Foi incrível como ele preencheu todos os meus requisitos e competências. E agora? O que faço? Tento atraí-lo como um candidato potencial? O que as empresas fazem? Elas roubam talentos humanos da concorrência?*

Parecer: Bem, deixe-me ver como ajudá-la em seu questionamento... Sim, a maioria das empresas não hesita em roubar talentos humanos de suas concorrentes. E assim elas atingem pelos menos dois objetivos: contratar um talento com experiência e capacidade profissional já comprovadas para o cargo e minar o poder de competitividade da concorrente. Vemos isso a toda hora. Que o digam as emissoras de TV! É verdade que algumas empresas evitam fazer isso e outras até têm um acordo informal no qual se comprometem a não roubar funcionários umas das outras. Mas esses casos não são muito comuns. E, à medida que a mão de obra especializada torna-se rara no mercado de trabalho, até esses acordos informais vão para o fundo de uma gaveta invisível.

Agora, na competitividade entre as mulheres nesse difícil mercado atual de recrutamento e seleção de maridos de alto padrão e competência, essa prática também é seguida por muitas delas. Entretanto, essa não seria minha recomendação, minha amiga. A casa de sua melhor amiga casada não é uma fonte de recrutamento social e politicamente correta. Creio que você deve continuar seus esforços de identificar outros candidatos que satisfaçam a seus requisitos e competências em outras freguesias. Salvo se tiver notícias de que o seu candidato ideal acabou de entrar com um pedido de divórcio de sua melhor amiga. Mesmo assim, se resolver incluí-lo em seu processo de recrutamento, saiba que perderá sua melhor amiga, que provavelmente se transformará em sua maior inimiga.

Consulta: *Apesar de não estar gostando muito desses conselhos e ensinamentos que você está passando às mulheres, gostaria de fazer uma pergunta também. Tenho participado de muitas entrevistas de seleção em várias empresas. Assim, adquiri uma experiência das técnicas de seleção adotadas pelos selecionadores. Eu sei das perguntas que eles fazem e das respostas que gostariam de ouvir e me preparo para dar as respostas que os selecionadores esperam. Assim sendo, gostaria de saber se essa minha estratégia funcionará também quando estiver participando do processo de seleção do marido certo por alguma mulher. Já posso imaginar o que elas vão perguntar e quais respostas gostariam de ouvir. Vou nessa linha? O que você acha?*

Parecer: Estou certo de que você possa ter "enganado" vários selecionadores nas empresas e até ter sido aprovado no processo de seleção, preenchendo a vaga. Mas outra coisa da qual também tenho quase certeza é que você não deve ter ficado muito tempo nessas empresas. Acertei? Isso é natural. Mesmo que você tenha "enganado" quanto ao preenchimento de requisitos e competências, o seu desempenho no cargo a que se candidatou será cobrado implacavelmente pelo seu supervisor direto. E aí, meu amigo enrolador, a casa vai cair a qualquer momento. E o mesmo acontecerá com a selecionadora mulher no processo de seleção do marido certo. Mais cedo ou mais tarde, você será "desligado" do cargo de marido. Isso se conseguir "enganar" sua selecionadora.

As mulheres têm um sexto sentido e um senso de detalhe apurados, além de serem grandes observadoras e intuitivas, que não se deixarão enganar por você com facilidade. Lembre-se da famosa frase de Abraham Lincoln: "Você pode enganar as pessoas todo o tempo. Você pode também enganar todas as pessoas algum tempo. Mas você não pode enganar todas as pessoas o tempo todo".

Consulta: *Eu entendi perfeitamente suas técnicas para seleção de marido. Porém, no meu caso, eu me casei em decorrência de um "fulminante amor cego", uma "paixão avassaladoramente cega e fiz um excelente casamento. Nós nos amamos até hoje, temos dois filhos maravilhosos, somos um casal comprometido e em cumplicidade para construir uma família feliz. Ele é um excelente marido, eu procuro corresponder no mesmo sentido. Até hoje acreditamos que o nosso amor estava escrito nas estrelas. Foi o destino que cruzou nossos caminhos. O que você acha disso? Chocado?*

Parecer: Eu, chocado? De forma alguma! Tenho certeza de que muitos casamentos realizados sob os efeitos de um "amor cego" e uma "paixão cega" podem dar certo. Entretanto, tenho uma certeza maior ainda que um número bem mais expressivo de casamentos realizados dessa forma não deu certo e foi até trágico. Mas há pessoas que acreditam que os casamentos são obras do destino. Elas acham que as linhas do destino se cruzam entre um homem e uma mulher e não há como desatar esse nó. Particularmente, acredito nas inexoráveis leis da estatística – entre um número x de casamentos realizados sob o efeito do "amor e paixão cegos", apenas um pequeno número y vai dar certo! Você teve sorte, minha amiga. Entretanto, quanto se trata de escolher um homem para dividir uma vida inteira com ele, você não pode apostar na sorte ou na estatística. Muito menos achar que é obra do destino. Seria obra do destino fazer cruzar no caminho de uma mulher honesta e romântica um homem sem caráter e violento que a mata quando ela pede a separação, cansada de tantos sofrimentos? O destino pode até ser um emaranhado de linhas e caminhos. Entretanto, entendo que o "carro" de sua vida está sob seu comando, você é que está na direção, conduzindo-o por caminhos seguros e certos ou por caminhos perigosos e errados. Imagino até que a mesma estatística poderia ser aplicada às empresas, ou seja, entre um número x de candidatos admitidos sem maiores critérios de seleção, apenas um pequeno número y é que vai dar certo! Entretanto, não há uma única empresa que eu conheça que aceita isso e assume esse risco. Assim, os casos que dão certo não invalidam as técnicas de RH para a seleção de um marido. Temos defendido a necessidade de se deixar atrair pelo coração, mas decidir com o cérebro, com a racionalidade.

Já disse Rubem Alves, em um trecho de *Viagem longa, destino incerto...*:

> Em Minas, onde nasci, se diz que para se conhecer uma pessoa é preciso comer um saco de sal com ela. Os apaixonados desacreditam. Quem é acometido da febre da paixão desaprende a astúcia do pensamento, fica abobalhado e passa a repetir as asneiras que os apaixonados têm repetido pelos séculos afora: “Ah, mãe! Ele é diferente!”; “Eu sei que o meu amor por ela é eterno. Sem ela eu morro!”. E assim se casam, sem a paciência de comer um saco de sal. Se tivessem paciência, descobririam a verdade de outro ditado: “Por fora bela viola; por dentro pão bolorento.

Bem, temos inúmeras consultas enviadas por e-mails para responder, mas vamos deixar para outra oportunidade. Nem eu mesmo poderia imaginar que o tema pudesse despertar tanto interesse como despertou. As perguntas e respostas anteriores já esclarecem como é delicada e complicada essa questão da seleção do marido certo, não acha também?

V

TESTE

Descubra se você aprendeu a ser uma boa selecionadora de marido certo.

Responda às perguntas a seguir e descubra se você é uma boa selecionadora de marido certo. Esse teste somente é válido para mulheres solteiras e divorciadas, que estejam ou não namorando atualmente.

Seja sincera nas respostas. Elas não serão mostradas aos candidatos pretendentes ao elevado e honroso cargo de seu marido.

Para cada requisito e competência a seguir, dê uma classificação A-B-C de acordo com a avaliação de importância que você dá ao item, sendo:

A = Muito importante (3 pontos)
B = Importante (2 pontos)
C = Pouco importante (1 ponto)

1 – Quanto à beleza e ao porte físico do candidato:
Classificação: _____ **Pontos**: _____

2 – Quanto à inteligência, à cultura e à sabedoria demonstradas pelo candidato:
Classificação: _____ **Pontos**: _____

3 – Quanto à disposição do candidato para trabalhar e vencer na vida, tendo uma boa profissão ou uma boa posição na empresa:
Classificação: _____ **Pontos**: _____

4 – Quanto ao candidato pertencer a uma família de grande riqueza:
Cla**ssificação**: _____ **Pontos**: _____

5 – Quanto à virilidade do candidato e sua capacidade de ser um grande amante e fazer com que o sexo seja divertido, bom e frequente:
Classificação: _____ **Pontos**: _____

6 – Quanto ao controle emocional, à maturidade e à inteligência racional do candidato:
Classificação: _____ **Pontos**: _____

7 – Quanto à vocação do candidato em ser um bom pai:
Classificação: _____ **Pontos**: _____

8 – Quanto às habilidades do candidato nos afazeres domésticos, incluindo a capacidade de cozinhar e fazer serviços de manutenção:
Classificação: _____ **Pontos**: _____

9 – Quanto ao prazer do candidato em investir o dinheiro de seu trabalho em qualidade de vida e vida social, como viajar, ter um bom carro, vestir-se na moda, divertir-se, participar e organizar festas, frequentar clubes, socializar com amigos, entre outros:
Classificação: _____ **Pontos**: _____

10 – Quanto ao valor que o candidato dá em lembrar datas de aniversário e casamento, dar presentes e organizar jantares ou festas surpresas, ser um homem romântico e carinhoso, que gosta de dançar e de jantares à luz de vela:
Classificação: _____ **Pontos**: _____

11 – Quando à capacidade do candidato de ser um árduo trabalhador, ter grande disposição de vencer graças aos seus méritos:
Classificação: _____ **Pontos**: _____

12 – Quanto ao candidato já se encontrar em uma posição de homem bem-sucedido na vida, refletida em um bom emprego e boa remuneração:
Classificação: _____ **Pontos**: _____

13 – Quanto à demonstração dada pelo candidato de ser um homem caseiro e totalmente voltado para os interesses da família:
Classificação: _____ **Pontos**: _____

14 – Quanto à imagem que o candidato projeta de ser um homem de paz e amor, um moderador que busca equilíbrio e justiça no tratamento com as pessoas e em situações diversas, que pratica a humildade e a simplicidade:
Classificação: _____ **Pontos**: _____

15 – Quanto às provas que o candidato deu de ser um homem de bom caráter, boa personalidade, boa ética, ter valores próprios, ser um homem de princípios e ter responsabilidade no cumprimento de seus compromissos:
Classificação: _____ **Pontos**: _____

16 – Quanto ao grau de compreensão, serenidade, flexibilidade, paciência, bom senso apresentados pelo candidato:
Classificação: _____ **Pontos**: _____

17 – Quanto à ambição demonstrada pelo candidato para vencer na vida:
Classificação: _____ **Pontos**: _____

18 – Quanto ao sentimento de proteção e segurança que o candidato desperta em você:
Classificação: _____ **Pontos**: _____

19 – Quanto à facilidade de relacionamento do candidato, seu lado informal e o estilo democrático, bom ouvinte e participativo que demonstra:
Classificação: _____ **Pontos**: _____

20 – Quanto às provas que o candidato deu de ser um homem sincero e fiel nas relações amorosas:
Classificação: _____ **Pontos**: _____

21 – A impressão que o candidato transmite de ser uma pessoa saudável e homem com hábitos sadios, com elevado nível de higiene e limpeza:
Classificação: _____ **Pontos:** _____

22 – Quanto ao grau de iniciativa e criatividade demonstrado pelo candidato:
Classificação: _____ **Pontos**: _____

23 – Quanto ao gosto pela prática de esportes, ginástica e esforços para melhor preparo físico demonstrado pelo candidato:
Classificação: _____ **Pontos**: _____

24 – Quanto ao grau de companheirismo, gentileza e amizade que o candidato apresenta:
Classificação: _____ **Pontos**: _____

25 – Quanto à vaidade do candidato em cuidar de sua aparência e elegância:
Classificação: _____ **Pontos**: _____

26 – Quanto ao jeito do candidato de homem "machão", que gosta muito de mulher, perdoando as inevitáveis celulites e estrias do tempo, que gosta de ver a mulher *sexy*, tem força para ser um grande protetor nos momentos de desespero e aflições da companheira:
Classificação: _____ **Pontos**: _____

27 – Quanto ao estilo dominador e mandão demonstrado pelo candidato:
Classificação: _____ **Pontos**: _____

28 – Quanto ao candidato ser um profissional liberal, como um dentista, um médico, um advogado ou outra profissão que lhe dê maior autonomia na atividade profissional:
Classificação: _____ **Pontos**: _____

29 – Quanto ao nível de instrução do candidato, como possuir nível universitário, pós-graduação e, eventualmente, até mestrado:
Classificação: _____ **Pontos**: _____

30 – Quanto à religiosidade do candidato, demonstrando participação ativa nos cultos de sua igreja, respeitando os ensinamentos do Evangelho em sua vida, participando de atividades sociais de caridade e serviços sociais de ajuda ao próximo, mantendo uma linha comedida de ambições e de coerência com os princípios religiosos de sua vocação:
Classificação: _____ **Pontos**: _____

Avaliação:

1 – Se você fizer **30 pontos**, selecionará um **marido certo**.

2 – Se você fizer entre **30 e 60 pontos**, selecionará um **marido certo**.

3 – Se você fizer entre **60** e **90** pontos, selecionará um **marido certo**.

Você deve estar se perguntando: "Mas, meu respeitável autor, agora não entendi! Todas as respostas estavam certas?".

Minha querida leitora, minha resposta é "sim". O teste foi meramente provocativo. Com certeza, você terá requisitos e competências próprias que podem ser diferentes da lista apresentada. O importante na seleção do marido certo é o que você valoriza no seu futuro marido e os requisitos e competências que procurará encontrar nele. Não há um gabarito a ser aplicado que se sobreponha a essa sua vontade. Você tem o supremo direito de escolher o homem que quiser para ser o seu marido. O importante é que você faça isso com plena consciência e racionalidade, e não somente movida por uma "cega paixão" ou um "cego amor". O mais importante é que você assuma a responsabilidade por essa escolha. Além disso, as mulheres selecionadoras têm as suas "condições de contratação" diferenciadas entre si, possuem níveis sociais e culturais diferentes, moram em regiões geográficas diversas, vieram de famílias com culturas e valores distintos, têm formação educacional em vários graus. Isso tudo influenciará na seleção do marido certo. Assim, não há gabarito! E são essas "condições de contratação" que vão determinar os requisitos e as competências para a seleção do marido certo adequados para cada uma delas.

É importante para a mulher, como é importante para uma empresa, ter plena consciência de sua capacidade quanto às "condições de contratação" sob pena de sofrer revezes e atrasos em seus objetivos de "contratação" ou até mesmo inviabilizá-la.

O casamento é a instituição mais antiga da história da humanidade e, sem dúvida, a sociedade mais importante entre duas pessoas. O casamento pode trazer grande realização e felicidade, como pode se tornar o calvário em vida para muitas mulheres. Portanto, valorize o seu "sim" e somente tome essa decisão tendo pleno conhecimento do que você está fazendo, além de uma avaliação racional de seu futuro companheiro. Um número muito grande de mulheres somente descobre quem de fato é o marido que escolheu como parceiro muito tempo depois de casada – o que é prenúncio de um desastre na vida a dois.

Você, leitora, vira o que uma empresa faz para selecionar um funcionário. Não deixe por menos. A "seleção" de um marido é infinitamente mais importante. Assim, pesquise tudo sobre o seu "candidato", questione pontos de dúvidas importantes, avalie as relações dele com seus pais e seus amigos, veja o conceito profissional que desfruta no emprego, observe seu comportamento nas várias situações – como o relacionamento com crianças e pessoas idosas –, ouça a opinião de pessoas em que você confia. Não aceite o "amor cego" ou a "paixão cega" como o melhor argumento para o seu "sim". Não abra mão de caráter, honestidade, confiabilidade, lealdade, decência, gentileza, amabilidade, compreensão, entre outros fatores que você determina como importantes. É *você* quem decide sobre o seu casamento, cabendo-lhe a decisão final. Tanto é que ainda compete a ele a famosa frase: "Quer se casar comigo?".

Chegamos ao final deste trabalho. Ele procura trazer uma mensagem das mais importantes para você, mulher, de forma divertida, leve e didática. Algumas situações podem ter beirado o limite do absurdo, uma vez que comparações entre técnicas e métodos administrativos com assuntos do coração e sentimentos afetivos parecem incompatíveis. Mas tentei demonstrar que, na verdade, não são ou pelo menos não o são totalmente. De qualquer forma, tenho certeza de que sementes foram plantadas em sua cabeça. Certeza de que requisitos e competências estarão presentes na mente da minha querida leitora no momento oportuno. E essas sementes germinarão quando você estiver diante de pretendentes ao seu coração e interessados em ocupar a honrosa e elevada posição de seu marido.

Assim, a racionalidade caminhará junto com seu coração em sua decisão, fazendo com que não caia na armadilha do "amor cego" ou da "paixão cega". Assim, você terá uma grande probabilidade de fazer um casamento certo, o que será fundamental para a família que estará constituindo, para a sua felicidade no presente e no futuro e para a garantia de um ambiente familiar saudável e propício à criação de filhos equilibrados emocionalmente, felizes e seguros.

Se acontecer dessa forma, eu darei como cumprida minha missão e a mensagem que procurei transmitir neste livro.

Gostaria de finalizar aqui com uma mensagem circulada via internet, muito apropriada para o tema.

GRANDE HOMEM[8]

> Nós, homens, nos caracterizamos por ser o sexo forte, embora muitas vezes caiamos por debilidade.
>
> Um dia, minha irmã chorava em sua casa. Com muita saudade, observei que meu pai chegou perto dela e perguntou o motivo de sua tristeza.

8 Autor desconhecido.

Escutei-os conversando por horas, mas houve uma frase tão especial que meu pai disse naquela tarde que, até o dia de hoje, ainda me recordo a cada manhã e que me enche de força. Meu pai acariciou o rosto dela e disse: "Minha filha, apaixone-se por Um Grande Homem e nunca mais voltará a chorar".

Perguntei-me tantas vezes qual era a fórmula exata para chegar a ser esse grande homem e não deixar-me vencer pelas coisas pequenas.

Com o passar dos anos, descobri que, se tão somente todos nós homens lutássemos por ser grandes de espírito, grandes de alma e grandes de coração, o mundo seria completamente diferente!

Aprendi que um Grande Homem não é aquele que compra tudo o que deseja, porque muitos de nós compramos com presentes a afeição e o respeito daqueles que nos cercam.

Meu pai ainda lhe dizia:

"Não se apaixone por um homem que só fale de si mesmo, de seus problemas, sem preocupar-se com você. Enamore-se de um homem que se interesse por você, que conh[illegible]a suas forças, suas ilusões, suas tristezas e que a ajude a s[illegible]las. Não creia nas palavras de um homem quando seus atos dizem o oposto. Afaste de sua vida um homem que não constrói com você um mundo melhor. Ele jamais sairá do seu lado, pois você é a sua fonte de energia. Fuja de um homem enfermo espiritual e emocionalmente, é como um câncer – matará tudo o que há em você (emocional, mental, física, social e economicamente). Não dê atenção a um homem que não seja capaz de expressar seus sentimentos, que não queira lhe dar amor. Não se agarre a um homem que não seja capaz de reconhecer sua beleza interior e exterior e suas qualidades morais. Não deixe entrar em sua vida um homem a quem tenha que adivinhar o que quer, porque não é capaz de se expressar abertamente. Não se enamore de um homem que, ao conhecê-lo, sua vida tenha se transformado em um problema a resolver e não em algo para desfrutar. Não se apaixone por um homem que demonstre frieza, insensibilidade, falta de atenção com você; corra léguas dele. Não creia em um homem que tenha carências afetivas de infância e que trata de preenchê-las com a infidelidade, culpando-a, quando o problema não está em você, e sim nele, porque não sabe o que quer da vida, nem quais são suas prioridades. Por que querer um homem que a abandonará se você não for como ele pretendia, ou se já não é mais útil? Por que querer um homem que a trocará por um cabelo ou uma cor de pele diferente ou por uns olhos claros ou por um corpo mais esbelto? Por que querer um homem que não sabe admirar a beleza que há em você, a verdadeira beleza – a do coração?".

Quantas vezes me deixei levar pela superficialidade das coisas, deixando de lado aqueles que realmente me ofereciam sua sinceridade e integridade e dando mais importância a quem não valorizava meu esforço.

Custou-me muito compreender que GRANDE HOMEM não é aquele que chega ao topo, nem o que tem mais dinheiro, casa, automóvel, nem quem vive rodeado de mulheres, nem muito menos o mais bonito.

Um grande homem é aquele ser humano transparente, que não se refugia atrás de cortinas de fumaça, é o que abre seu CORAÇÃO sem rejeitar a realidade, é quem admira uma mulher por seus alicerces morais e grandeza interior.

Um grande homem é o que cai e tem suficiente força para levantar-se e seguir lutando...

Hoje minha irmã está casada e feliz, e esse grande homem com quem se casou não era nem o mais popular nem o mais solicitado pelas mulheres, nem o mais rico ou o mais bonito.

Esse grande homem é simplesmente aquele que nunca a fez chorar. É QUEM NO LUGAR DE LÁGRIMAS LHE ROUBOU SORRISOS.

Sorrisos por tudo que viveram e conquistaram juntos, pelos triunfos alcançados, por suas lindas recordações e por aquelas tristes lembranças que souberam superar, por cada alegria que repartem e pelos três filhos que preenchem suas vidas.

Esse grande homem ama tanto a minha irmã que daria o que fosse por ela sem pedir nada em troca.

Esse grande homem a quer pelo que ela é, por seu coração e pelo que são quando estão juntos.

Aprendamos a ser um desses grandes homens, para vivenciar os anos junto de uma grande mulher, e NADA NEM NINGUÉM NOS PODERÁ VENCER!
Envio esta mensagem aos meus amigos "homens", para que lhes toque o coração e tratem de fazer crescer esse GRANDE homem que vive dentro deles.
E às minhas AMIGAS "MULHERES", para que SAIBAM ESCOLHER ESSE GRANDE HOMEM PARA ELAS.

DO REGIME DE BENS ENTRE OS CÔNJUGES[9]

CAPÍTULO I

Disposições Gerais

Art. 1.639. É lícito aos nubentes, antes de celebrado o casamento, estipular, quanto aos seus bens, o que lhes aprouver.

§ 1o O regime de bens entre os cônjuges começa a vigorar desde a data do casamento.

§ 2o É admissível alteração do regime de bens, mediante autorização judicial em pedido motivado de ambos os cônjuges, apurada a procedência das razões invocadas e ressalvados os direitos de terceiros.

Art. 1.640. Não havendo convenção, ou sendo ela nula ou ineficaz, vigorará, quanto aos bens entre os cônjuges, o regime da comunhão parcial.

Parágrafo único. Poderão os nubentes, no processo de habilitação, optar por qualquer dos regimes que este código regula. Quanto à forma, reduzir-se-á a termo a opção pela comunhão parcial, fazendo-se o Pacto Antenupcial por escritura pública, nas demais escolhas.

Art. 1.641. É obrigatório o regime da separação de bens no casamento:

I - das pessoas que o contraírem com inobservância das causas suspensivas da celebração do casamento;

II - da pessoa maior de sessenta anos;

III - de todos os que dependerem, para casar, de suprimento judicial.

Art. 1.642. Qualquer que seja o regime de bens, tanto o marido quanto a mulher podem livremente:

I - praticar todos os atos de disposição e de administração necessários ao desempenho de sua profissão, com as limitações estabelecida no inciso I do art. 1.647;

II - administrar os bens próprios;

---

9 Essas informações de caráter jurídico são meros esclarecimentos básicos que não pretendem esgotar o assunto. Você deve consultar um advogado para orientações mais técnicas e profissionais.

III - desobrigar ou reivindicar os imóveis que tenham sido gravados ou alienados sem o seu consentimento ou sem suprimento judicial;

IV - demandar a rescisão dos contratos de fiança e doação, ou a invalidação do aval, realizados pelo outro cônjuge com infração do disposto nos incisos III e IV do art. 1.647;

V - reivindicar os bens comuns, móveis ou imóveis, doados ou transferidos pelo outro cônjuge ao concubino, desde que provado que os bens não foram adquiridos pelo esforço comum destes, se o casal estiver separado de fato por mais de cinco anos;

VI - praticar todos os atos que não lhes forem vedados expressamente.

Art. 1.643. Podem os cônjuges, independentemente de autorização um do outro:

I - comprar, ainda a crédito, as coisas necessárias à economia doméstica;

II - obter, por empréstimo, as quantias que a aquisição dessas coisas possa exigir.

Art. 1.644. As dívidas contraídas para os fins do artigo antecedente obrigam solidariamente ambos os cônjuges.

Art. 1.645. As ações fundadas nos incisos III, IV e V do art. 1.642 competem ao cônjuge prejudicado e a seus herdeiros.

Art. 1.646. No caso dos incisos III e IV do art. 1.642, o terceiro, prejudicado com a sentença favorável ao autor, terá direito regressivo contra o cônjuge, que realizou o negócio jurídico, ou seus herdeiros.

Art. 1.647. Ressalvado o disposto no art. 1.648, nenhum dos cônjuges pode, sem autorização do outro, exceto no regime da separação absoluta:

I - alienar ou gravar de ônus real os bens imóveis;

II - pleitear, como autor ou réu, acerca desses bens ou direitos;

III - prestar fiança ou aval;

IV - fazer doação, não sendo remuneratória, de bens comuns, ou dos que possam integrar futura meação.

Parágrafo único. São válidas as doações nupciais feitas aos filhos quando casarem ou estabelecerem economia separada.

Art. 1.648. Cabe ao juiz, nos casos do artigo antecedente, suprir a outorga, quando um dos cônjuges a denegue sem motivo justo, ou lhe seja impossível concedê-la.

Art. 1.649. A falta de autorização, não suprida pelo juiz, quando necessária (art. 1.647), tornará anulável o ato praticado, podendo o outro cônjuge pleitear-lhe a anulação, até dois anos depois de terminada a sociedade conjugal.

Parágrafo único. A aprovação torna válido o ato, desde que feita por instrumento público, ou particular, autenticado.

Art. 1.650. A decretação de invalidade dos atos praticados sem outorga, sem consentimento, ou sem suprimento do juiz, só poderá ser demandada pelo cônjuge a quem cabia concedê-la, ou por seus herdeiros.

Art. 1.651. Quando um dos cônjuges não puder exercer a administração dos bens que lhe incumbe, segundo o regime de bens, caberá ao outro:

I - gerir os bens comuns e os do consorte;

II - alienar os bens móveis comuns;

III - alienar os imóveis comuns e os móveis ou imóveis do consorte, mediante autorização judicial.

Art. 1.652. O cônjuge, que estiver na posse dos bens particulares do outro, será para com este e seus herdeiros responsável:

I - como usufrutuário, se o rendimento for comum;

II - como procurador, se tiver mandato expresso ou tácito para os administrar;

III - como depositário, se não for usufrutuário, nem administrador.

CAPÍTULO II

Do Pacto Antenupcial

Art. 1.653. É nulo o Pacto Antenupcial se não for feito por escritura pública, e ineficaz se não lhe seguir o casamento.

Art. 1.654. A eficácia do Pacto Antenupcial, realizado por menor, fica condicionada à aprovação de seu representante legal, salvo as hipóteses de regime obrigatório de separação de bens.

Art. 1.655. É nula a convenção ou cláusula dela que contravenha disposição absoluta de lei.

Art. 1.656. No Pacto Antenupcial, que adotar o regime de participação final nos aquestos, poder-se-á convencionar a livre disposição dos bens imóveis, desde que particulares.

Art. 1.657. As convenções antenupciais não terão efeito perante terceiros senão depois de registradas, em livro especial, pelo oficial do Registro de Imóveis do domicílio dos cônjuges.

CAPÍTULO III
Do Regime de Comunhão Parcial

Art. 1.658. No regime de comunhão parcial, comunicam-se os bens que sobrevierem ao casal, na constância do casamento, com as exceções dos artigos seguintes.

Art. 1.659. Excluem-se da comunhão:

I - os bens que cada cônjuge possuir ao casar, e os que lhe sobrevierem, na constância do casamento, por doação ou sucessão, e os sub-rogados em seu lugar;

II - os bens adquiridos com valores exclusivamente pertencentes a um dos cônjuges em sub-rogação dos bens particulares;

III - as obrigações anteriores ao casamento;

IV - as obrigações provenientes de atos ilícitos, salvo reversão em proveito do casal;

V - os bens de uso pessoal, os livros e instrumentos de profissão;

VI - os proventos do trabalho pessoal de cada cônjuge;

VII - as pensões, meios-soldos, montepios e outras rendas semelhantes.

Art. 1.660. Entram na comunhão:

I - os bens adquiridos na constância do casamento por título oneroso, ainda que só em nome de um dos cônjuges;

II - os bens adquiridos por fato eventual, com ou sem o concurso de trabalho ou despesa anterior;

III - os bens adquiridos por doação, herança ou legado, em favor de ambos os cônjuges;

IV - as benfeitorias em bens particulares de cada cônjuge;

V - os frutos dos bens comuns, ou dos particulares de cada cônjuge, percebidos na constância do casamento, ou pendentes ao tempo de cessar a comunhão.

Art. 1.661. São incomunicáveis os bens cuja aquisição tiver por título uma causa anterior ao casamento.

Art. 1.662. No regime da comunhão parcial, presumem-se adquiridos na constância do casamento os bens móveis, quando não se provar que o foram em data anterior.

Art. 1.663. A administração do patrimônio comum compete a qualquer dos cônjuges.

§ 1º As dívidas contraídas no exercício da administração obrigam os bens comuns e particulares do cônjuge que os administra, e os do outro na razão do proveito que houver auferido.

§ 2º A anuência de ambos os cônjuges é necessária para os atos, a título gratuito, que impliquem cessão do uso ou gozo dos bens comuns.

§ 3º Em caso de malversação dos bens, o juiz poderá atribuir a administração a apenas um dos cônjuges.

Art. 1.664. Os bens da comunhão respondem pelas obrigações contraídas pelo marido ou pela mulher para atender aos encargos da família, às despesas de administração e às decorrentes de imposição legal.

Art. 1.665. A administração e a disposição dos bens constitutivos do patrimônio particular competem ao cônjuge proprietário, salvo convenção diversa em Pacto Antenupcial.

Art. 1.666. As dívidas, contraídas por qualquer dos cônjuges na administração de seus bens particulares e em benefício destes, não obrigam os bens comuns.

CAPÍTULO IV

Do Regime de Comunhão Universal

Art. 1.667. O regime de comunhão universal importa a comunicação de todos os bens presentes e futuros dos cônjuges e suas dívidas passivas, com as exceções do artigo seguinte.

Art. 1.668. São excluídos da comunhão:

I - os bens doados ou herdados com a cláusula de incomunicabilidade e os sub-rogados em seu lugar;

II - os bens gravados de fideicomisso e o direito do herdeiro fideicomissário, antes de realizada a condição suspensiva;

III - as dívidas anteriores ao casamento, salvo se provierem de despesas com seus aprestos, ou reverterem em proveito comum;

IV - as doações antenupciais feitas por um dos cônjuges ao outro com a cláusula de incomunicabilidade;

V - Os bens referidos nos incisos V a VII do art. 1.659.

Art. 1.669. A incomunicabilidade dos bens enumerados no artigo antecedente não se estende aos frutos, quando se percebam ou vençam durante o casamento.

Art. 1.670. Aplica-se ao regime da comunhão universal o disposto no Capítulo antecedente, quanto à administração dos bens.

Art. 1.671. Extinta a comunhão, e efetuada a divisão do ativo e do passivo, cessará a responsabilidade de cada um dos cônjuges para com os credores do outro.

CAPÍTULO V

Do Regime de Participação Final nos Aquestos

Art. 1.672. No regime de participação final nos aquestos, cada cônjuge possui patrimônio próprio, consoante disposto no artigo seguinte, e lhe cabe, à época da dissolução da sociedade conjugal, direito à metade dos bens adquiridos pelo casal, a título oneroso, na constância do casamento.

Art. 1.673. Integram o patrimônio próprio os bens que cada cônjuge possuía ao casar e os por ele adquiridos, a qualquer título, na constância do casamento.

Parágrafo único. A administração desses bens é exclusiva de cada cônjuge, que os poderá livremente alienar, se forem móveis.

Art. 1.674. Sobrevindo a dissolução da sociedade conjugal, apurar-se-á o montante dos aquestos, excluindo-se da soma dos patrimônios próprios:

I - os bens anteriores ao casamento e os que em seu lugar se sub-rogaram;

II - os que sobrevieram a cada cônjuge por sucessão ou liberalidade;

III - as dívidas relativas a esses bens.

Parágrafo único. Salvo prova em contrário, presumem-se adquiridos durante o casamento os bens móveis.

Art. 1.675. Ao determinar-se o montante dos aquestos, computar-se-á o valor das doações feitas por um dos cônjuges, sem a necessária autorização do outro; nesse caso, o bem poderá ser reivindicado pelo cônjuge prejudicado ou por seus herdeiros, ou declarado no monte partilhável, por valor equivalente ao da época da dissolução.

Art. 1.676. Incorpora-se ao monte o valor dos bens alienados em detrimento da meação, se não houver preferência do cônjuge lesado, ou de seus herdeiros, de os reivindicar.

Art. 1.677. Pelas dívidas posteriores ao casamento, contraídas por um dos cônjuges, somente este responderá, salvo prova de terem revertido, parcial ou totalmente, em benefício do outro.

Art. 1.678. Se um dos cônjuges solveu uma dívida do outro com bens do seu patrimônio, o valor do pagamento deve ser atualizado e imputado, na data da dissolução, à meação do outro cônjuge.

Art. 1.679. No caso de bens adquiridos pelo trabalho conjunto, terá cada um dos cônjuges uma quota igual no condomínio ou no crédito por aquele modo estabelecido.

Art. 1.680. As coisas móveis, em face de terceiros, presumem-se do domínio do cônjuge devedor, salvo se o bem for de uso pessoal do outro.

Art. 1.681. Os bens imóveis são de propriedade do cônjuge cujo nome constar no registro.

Parágrafo único. Impugnada a titularidade, caberá ao cônjuge proprietário provar a aquisição regular dos bens.

Art. 1.682. O direito à meação não é renunciável, cessível ou penhorável na vigência do regime matrimonial.

Art. 1.683. Na dissolução do regime de bens por separação judicial ou por divórcio, verificar-se-á o montante dos aquestos à data em que cessou a convivência.

Art. 1.684. Se não for possível nem conveniente a divisão de todos os bens em natureza, calcular-se-á o valor de alguns ou de todos para reposição em dinheiro ao cônjuge não proprietário.
Parágrafo único. Não se podendo realizar a reposição em dinheiro, serão avaliados e, mediante autorização judicial, alienados tantos bens quantos bastarem.

Art. 1.685. Na dissolução da sociedade conjugal por morte, verificar-se-á a meação do cônjuge sobrevivente de conformidade com os artigos antecedentes, deferindo-se a herança aos herdeiros na forma estabelecida neste Código.

Art. 1.686. As dívidas de um dos cônjuges, quando superiores à sua meação, não obrigam ao outro, ou a seus herdeiros.

CAPÍTULO VI
Do Regime de Separação de Bens

Art. 1.687. Estipulada a separação de bens, estes permanecerão sob a administração exclusiva de cada um dos cônjuges, que os poderá livremente alienar ou gravar de ônus real.
Art. 1.688. Ambos os cônjuges são obrigados a contribuir para as despesas do casal na proporção dos rendimentos de seu trabalho e de seus bens, salvo estipulação em contrário no Pacto Antenupcial.

CAPÍTULO X
Da Dissolução da Sociedade e do Vínculo Conjugal

Art. 1.571. A sociedade conjugal termina:
I - pela morte de um dos cônjuges;
II - pela nulidade ou anulação do casamento;
III - pela separação judicial;

IV - pelo divórcio.

§ 1º O casamento válido só se dissolve pela morte de um dos cônjuges ou pelo divórcio, aplicando-se a presunção estabelecida neste Código quanto ao ausente.

§ 2º Dissolvido o casamento pelo divórcio direto ou por conversão, o cônjuge poderá manter o nome de casado; salvo, no segundo caso, dispondo em contrário a sentença de separação judicial.

Art. 1.572. Qualquer dos cônjuges poderá propor a ação de separação judicial, imputando ao outro qualquer ato que importe grave violação dos deveres do casamento e torne insuportável a vida em comum.

§ 1º A separação judicial pode também ser pedida se um dos cônjuges provar ruptura da vida em comum há mais de um ano e a impossibilidade de sua reconstituição.

§ 2º O cônjuge pode ainda pedir a separação judicial quando o outro estiver acometido de doença mental grave, manifestada após o casamento, que torne impossível a continuação da vida em comum, desde que, após uma duração de dois anos, a enfermidade tenha sido reconhecida de cura improvável.

§ 3º No caso do parágrafo 2º, reverterão ao cônjuge enfermo, que não houver pedido a separação judicial, os remanescentes dos bens que levou para o casamento, e se o regime dos bens adotado o permitir, a meação dos adquiridos na constância da sociedade conjugal.

Art. 1.573. Podem caracterizar a impossibilidade da comunhão de vida a ocorrência de algum dos seguintes motivos:

I - adultério;

II - tentativa de morte;

III - sevícia ou injúria grave;

IV - abandono voluntário do lar conjugal, durante um ano contínuo;

V - condenação por crime infamante;

VI - conduta desonrosa.

Parágrafo único. O juiz poderá considerar outros fatos que tornem evidente a impossibilidade da vida em comum.

Art. 1.574. Dar-se-á a separação judicial por mútuo consentimento dos cônjuges se forem casados por mais de um ano e o manifestarem perante o juiz, sendo por ele devidamente homologada a convenção.

Parágrafo único. O juiz pode recusar a homologação e não decretar a separação judicial se apurar que a convenção não preserva suficientemente os interesses dos filhos ou de um dos cônjuges.

Art. 1.575. A sentença de separação judicial importa a separação de corpos e a partilha de bens.

Parágrafo único. A partilha de bens poderá ser feita mediante proposta dos cônjuges e homologada pelo juiz ou por este decidida.

Art. 1.576. A separação judicial põe termo aos deveres de coabitação e fidelidade recíproca e ao regime de bens.

Parágrafo único. O procedimento judicial da separação caberá somente aos cônjuges, e, no caso de incapacidade, serão representados pelo curador, pelo ascendente ou pelo irmão.

Art. 1.577. Seja qual for a causa da separação judicial e o modo como esta se faça, é lícito aos cônjuges restabelecer, a todo tempo, a sociedade conjugal, por ato regular em juízo.

Parágrafo único. A reconciliação em nada prejudicará o direito de terceiros, adquirido antes e durante o estado de separado, seja qual for o regime de bens.

Art. 1.578. O cônjuge declarado culpado na ação de separação judicial perde o direito de usar o sobrenome do outro, desde que expressamente requerido pelo cônjuge inocente e se a alteração não acarretar:

I - evidente prejuízo para a sua identificação;

II - manifesta distinção entre o seu nome de família e o dos filhos havidos da união dissolvida;

III - dano grave reconhecido na decisão judicial.

§ 1º O cônjuge inocente na ação de separação judicial poderá renunciar, a qualquer momento, ao direito de usar o sobrenome do outro.

§ 2º Nos demais casos caberá a opção pela conservação do nome de casado.

Art. 1.579. O divórcio não modificará os direitos e deveres dos pais em relação aos filhos.

Parágrafo único. Novo casamento de qualquer dos pais, ou de ambos, não poderá importar restrições aos direitos e deveres previstos neste artigo.

Art. 1.580. Decorrido um ano do trânsito em julgado da sentença que houver decretado a separação judicial, ou da decisão concessiva da medida cautelar de separação de corpos, qualquer das partes poderá requerer sua conversão em divórcio.

§ 1º A conversão em divórcio da separação judicial dos cônjuges será decretada por sentença, da qual não constará referência à causa que a determinou.

§ 2º O divórcio poderá ser requerido, por um ou por ambos os cônjuges, no caso de comprovada separação de fato por mais de dois anos.

Art. 1.581. O divórcio pode ser concedido sem que haja prévia partilha de bens.

Art. 1.582. O pedido de divórcio somente competirá aos cônjuges.

Parágrafo único. Se o cônjuge for incapaz para propor a ação ou defender-se, poderá fazê-lo o curador, o ascendente ou o irmão.

CAPÍTULO XI

Da Proteção da Pessoa dos Filhos

Art. 1.583. No caso de dissolução da sociedade ou do vínculo conjugal pela separação judicial por mútuo consentimento ou pelo divórcio direto consensual, observar-se-á o que os cônjuges acordarem sobre a guarda dos filhos.

Art. 1.584. Decretada a separação judicial ou o divórcio, sem que haja entre as partes acordo quanto à guarda dos filhos, será ela atribuída a quem revelar melhores condições para exercê-la.

Parágrafo único. Verificando que os filhos não devem permanecer sob a guarda do pai ou da mãe, o juiz deferirá a sua guarda à pessoa que revele compatibilidade com a natureza da medida, de preferência levando em conta o grau de parentesco e relação de afinidade e afetividade, de acordo com o disposto na lei específica.

Art. 1.585. Em sede de medida cautelar de separação de corpos, aplica-se quanto à guarda dos filhos as disposições do artigo antecedente.

Art. 1.586. Havendo motivos graves, poderá o juiz, em qualquer caso, a bem dos filhos, regular de maneira diferente da estabelecida nos artigos antecedentes a situação deles para com os pais.

Art. 1.587. No caso de invalidade do casamento, havendo filhos comuns, observar-se-á o disposto nos arts. 1.584 e 1.586.

Art. 1.588. O pai ou a mãe que contrair novas núpcias não perde o direito de ter consigo os filhos, que só lhe poderão ser retirados por mandado judicial, provado que não são tratados convenientemente.

Art. 1.589. O pai ou a mãe, em cuja guarda não estejam os filhos, poderá visitá-los e tê-los em sua companhia, segundo o que acordar com o outro cônjuge, ou for fixado pelo juiz, bem como fiscalizar sua manutenção e educação.

Art. 1.590. As disposições relativas à guarda e prestação de alimentos aos filhos menores estendem-se aos maiores incapazes.

O PRESIDENTE DA REPÚBLICA

Faço saber que o Congresso Nacional decreta e eu sanciono a seguinte Lei:

Art. 1º Os arts. 982 e 983 da Lei 5.869, de 11 de janeiro de 1973 – Código de Processo Civil, passam a vigorar com a seguinte redação:

"Art. 982. Havendo testamento ou interessado incapaz, proceder-se-á ao inventário judicial; se todos forem capazes e concordes, poderá fazer-se o inventário e a partilha por escritura pública, a qual constituirá título hábil para o registro imobiliário.

Parágrafo único. O tabelião somente lavrará a escritura pública se todas as partes interessadas estiverem assistidas por advogado comum ou advogados de cada uma delas, cuja qualificação e assinatura constarão do ato notarial.

Art. 983. O processo de inventário e partilha deve ser aberto dentro de 60 (sessenta) dias a contar da abertura da sucessão, ultimando-se nos 12 (doze) meses subsequentes, podendo o juiz prorrogar tais prazos, de ofício ou a requerimento de parte.

Parágrafo único. (Revogado)".

Art. 2º O art. 1.031 da Lei 5.869, de 1973 – Código de Processo Civil, passa a vigorar com a seguinte redação:

"Art. 1.031. A partilha amigável, celebrada entre partes capazes, nos termos do art. 2.015 da Lei . 10.406, de 10 de janeiro de 2002 – Código Civil, será homologada de plano pelo juiz, mediante a prova da quitação dos tributos relativos aos bens do espólio e às suas rendas, com observância dos arts. 1.032 a 1.035 desta Lei".

Art. 3º A Lei 5.869, de 1973 – Código de Processo Civil –, passa a vigorar acrescida do seguinte art. 1.124-A:

"Art. 1.124-A. A separação consensual e o divórcio consensual, não havendo filhos menores ou incapazes do casal e observados os requisitos legais quanto aos prazos, poderão ser realizados por escritura pública, da qual constarão as disposições relativas

à descrição e à partilha dos bens comuns e à pensão alimentícia e, ainda, ao acordo quanto à retomada pelo cônjuge de seu nome de solteiro ou à manutenção do nome adotado quando se deu o casamento.

§ 1º A escritura não depende de homologação judicial e constitui título hábil para o registro civil e o registro de imóveis.

§ 2º O tabelião somente lavrará a escritura se os contratantes estiverem assistidos por advogado comum ou advogados de cada um deles, cuja qualificação e assinatura constarão do ato notarial.

§ 3º A escritura e demais atos notariais serão gratuitos àqueles que se declararem pobres sob as penas da lei."

Art. 4º Esta Lei entra em vigor na data de sua publicação.

Art. 5º Revoga-se o parágrafo único do art. 983 da Lei 5.869, de 11 de janeiro de 1973 – Código de Processo Civil.

Brasília, 4 de janeiro de 2007; 186º da Independência e 119º da República.

LUIZ INÁCIO LULA DA SILVA
Márcio Thomaz Bastos

Visite nosso site e conheça estes e outros lançamentos

www.matrixeditora.com.br

HOJE É O DIA MAIS FELIZ DA SUA VIDA
Elisa Stecca

Diz o ditado que uma imagem vale por mil palavras. Mas não existe imagem que seja tão forte quanto as palavras precisas, as que encorajam, as que mostram caminhos, aquelas que fazem pensar e mudar. *Hoje é o dia mais feliz da sua vida*, escrito por uma das mais talentosas *designers* do Brasil, é um livro feito com palavras motivadoras e imagens de rara beleza, que também têm muito a dizer. Uma obra inspiradora, feita para quem quer um dia a dia de mais felicidade.

PERDÃO TOTAL – SUPERANDO O MAIOR DESAFIO DE DEUS
R. T. Kendall

Sucesso nos Estados Unidos, com mais de 50 mil exemplares já vendidos, a obra do teólogo R. T. Kendall mostra o poder libertador do ato de perdoar e seus reflexos na vida de quem aceita o maior desafio de Jesus Cristo. Entender o significado do perdão e saber aplicá-lo é uma tarefa difícil. Por isso, o autor exemplifica essa atitude, com o objetivo de servir como referência para o cotidiano.

AMOR & TESÃO
Adriana Costalunga

"...e viveram felizes para sempre." Será que isso é possível na vida real? Ou só acontece nos contos de fadas? Muitas mulheres vivem a desilusão de ver seu príncipe virar sapo, assim como os homens veem a princesa virar bruxa. No entanto, há uma luz no fim do túnel. Saiba o que leva o casal a entrar nessa roda-viva e, o mais importante, o que fazer para sair dela.

NÃO COMI, NÃO REZEI, MAS ME AMEI
Gisela Rao

Autoestima é como tanque de combustível do carro. Se a gente não presta atenção no nível, se não se abastece de atenção, de carinho, de coisas boas, ela acaba. E deixa a gente perdida nessa longa estrada da vida. Por isso é bom estar sempre de olho. A divertida autora Gisela Rao se propôs a vigiar a própria autoestima por 365 dias, e seu relato é uma inspiração para o nosso dia a dia. Sem moralismos, sem soluções mágicas, mas com muita inteligência e bom humor, esta obra vai fazer você repensar seu modo de ser e de enxergar o mundo.

MATRIX